우주 관찰 백과

Super Cool Space Facts by Bruce Betts
Copyright © 2019 by Rockridge Press, Emeryville, California
Illustrations © Steve Mack
First published in English by Rockridge Press, an imprint of Callisto Media, Inc.

Korean Translation Copyright © 2023 BONUS Publishing Co.
Korean edition is published by arrangement with Callisto Media, Inc.
through Corea Literary Agency(CLA), Seoul

이 책의 한국어판 저작권은 Corea 에이전시를 통한 Callisto Media, Inc.와의 독점 계약으로 보누스출판사에 있습니다.
저작권법에 의하여 보호를 받는 저작물이므로 무단전재와 무단복제를 금합니다.

우주 관찰 백과

SUPER COOL SPACE FACTS
수만 개의 은하가 펼쳐진
우주의 비밀 이야기

브루스 베츠 박사 지음 | **스티브 맥** 그림 | **이은경** 옮김

차 례

반가워요, 어린이 과학자 여러분! 7

1장 우주 9

광활한 우주 속 우리의 위치는 어디일까요? 10
우주란 무엇일까요? 12
망원경 14
우주 망원경 15
우주에 있는 물체는 무엇으로 구성된 걸까요? 16
빅뱅 18
은하 20
우리 은하 21
성운 23
암흑 물질 25
암흑 에너지 26
지구 너머의 생명체? 27

2장 별과 별자리 29

별 30
별자리 32
성군 34
성단 36
별의 일생 38
적색 거성 40
신성과 초신성 41
백색 왜성 42
중성자별 43
펄서 44
블랙홀 45
외계 행성 47

3장 태양계 49

태양계 50	달 60	천왕성 70
태양 52	화성 62	해왕성 72
수성 54	소행성 64	왜소 행성 74
금성 56	목성 66	해왕성 너머 76
지구 58	토성 68	

4장 혜성, 유성, 오로라 77

혜성 78	달의 위상 86
유성, 유성우, 운석 80	오로라 87
월식 82	행성 88
일식 84	

5장 우주 탐사 그리고 우주의 미래! 89

로켓 90	우주에 간 사람들 100
인공위성 92	달에 간 사람들 102
근접 비행(플라이 바이) 94	우주 정거장 104
궤도선 95	국제 우주 정거장(ISS) 106
탐사선 96	우주 비행사 108
착륙선 97	미래의 우주 110
로버 99	

더 알아보기 111   용어 풀이 113   찾아보기 116

LET'S GO!

반가워요,
어린이 과학자 여러분!

여러분은 수만 개의 별이 빛나는 밤하늘을 바라보며 우주에 관해 알고 싶었던 적이 있었나요? 우주가 어떻게 탄생했고, 태양계에 있는 행성들은 각각 어떻게 다른지 알고 싶지 않나요? 이 모든 게 궁금하다면 바로 여러분이 어린이 과학자예요!

이제 여러분은 별, 행성, 로켓은 물론이고 놀라운 우주의 비밀에 관해 배울 거예요. 우주에 있는 물체들은 정말 놀랍고 신비로워요. 태양처럼 거대하고 뜨거운 별들, 어마어마한 화산과 협곡이 있는 행성들, 얼음 지각 아래에 바다를 품은 위성들이 있어요. 저는 우주 공간과 우주를 구성하는 모든 것이 얼마나 멋진지 여러분과 공유하고 싶어서 이 책을 썼어요. 또한 우주에는 여전히 풀어야 할 수수께끼가 많아요. 그래서 과학자들은 망원경과 우주선을 사용해 미지의 우주 공간을 연구해요. 인류는 나날이 발전하며 새로운 발견을 하고 있답니다.

우주란 무엇이고 우주에서는 어떤 일이 벌어지는지 알려 줄게요. 우주가 어떻게 탄생했고, 태양계에 있는 행성들은 각각 어떻게 다른지 자세히 배울 수 있어요. 우주 과학과 탐사에 큰 발자취를 남긴 인물과 역사적으로 유명한 우주 탐사 업적까지 배우고 나면, 여러분은 우주를 통합적으로 이해할 수 있을 거예요.

사실 여러분은 이미 우주여행자예요! 지구가 태양 주위를 돌거나 이동하는 동안 우리는 우주를 통과하고 있거든요. 이제 저와 함께 신비롭고 찬란한 우주로 떠날 준비가 되었나요?

자, 떠나 봅시다!

브루스 베츠 박사

1장
우주

우주는 지구를 비롯한 행성, 반짝이는 별, 은하계와 그 사이에 있는 모든 형태의 물질과 에너지를 포함해요. 우리는 우주에 관해 정말 많은 것을 알고 있어요. 하지만 여전히 미스터리로 남아 있는 것도 많아요. 이것이 바로 우주가 흥미로운 이유죠. 자, 이제 미지의 우주를 탐험해 봐요!

광활한 우주 속 우리의 위치는 어디일까요?

우리는 우주의 어디에 있는 걸까요? 바로 지구라고 불리는 행성에 살고 있어요. 지구는 태양계 행성 중 하나이며 자전축을 중심으로 하루에 한 바퀴씩 돌아요. 이것을 **지구의 자전**이라고 해요. 농구 선수가 농구공을 손가락 위에 올리고 가뿐히 돌리는 것을 본 적 있나요? 지구도 그렇게 돌고 있어요. 지구가 자전하면서 태양 빛을 받을 때는 낮이 되고, 태양 빛을 받지 않을 때는 밤이 되는 거예요.

우주에서 찍은 지구의 사진이에요. 여러분이 살고 있는 지구랍니다.

지구의 공전은 태양을 중심으로 1년에 한 바퀴씩 도는 운동을 말해요. 1년은 약 365일이에요.

태양계는 태양, 태양 주위를 도는 행성, 다른 물체들로 구성된 천체를 의미해요. 우주에는 많은 태양계가 있어요. 태양계는 수많은 별이 모여 있는 은하계의 일부분이에요. 우리가 살고 있는 집에 주소가 있는 것처럼 우주에서 우리의 주소는 대한민국-지구-태양계-우리 은하-국부은하군-국부초은하단-초초은하단이에요. 이것이 우주 속 우리의 위치랍니다!

지구는 하루에 한 번 회전해요. 즉 24시간에 한 번씩 회전하는 거예요.

태양은 우리 눈에 그 어떤 별보다 훨씬 더 크고 밝게 보여요. 왜냐하면 태양이 지구에 가까이 있기 때문이에요.

별은 밤에만 뜰까요? 아니에요. 낮에도 별은 그 자리에 떠 있어요. 하지만 우리 눈에는 보이지 않죠. 왜냐하면 낮에는 태양 빛이 너무 밝기 때문이에요. 태양 빛은 지구의 대기에서 튕겨져 나와 별빛을 압도해요.

로비: "우리는 태양에 우주선을 보낼 거야."
바비: "어떻게 그럴 수 있어? 태양이 너무 뜨거운데."
로비: "그래서 밤에 보낼 거야!"

우주란 무엇일까요?

우주 공간이라고도 불리는 우주는 지구와 그 대기 너머의 모든 천체를 포함해요. 천체는 행성, 항성, 위성, 우주에 떠다니는 먼지와 가스까지 우주에 존재하는 모든 것을 가리켜요. 사실 우주 공간은 아무것도 없는 진공 상태예요. 다만 여기저기 정체불명의 물질이 있고, 행성이나 위성 또는 별이 있을 뿐이죠. 우주에 떠다니는 물체들은 매우 흥미로워요. 많은 우주 물체가 다른 물체의 주변을 돌아요. 이때 물체가 따라가는 길을 **궤도**라고 해요. 달을 비롯한 위성들은 행성의 궤도를 돌아요. 행성은 별 주위를 도는 커다란 공 모양 물체예요. 또한 별은 종종 은하 중심을 돌아요.

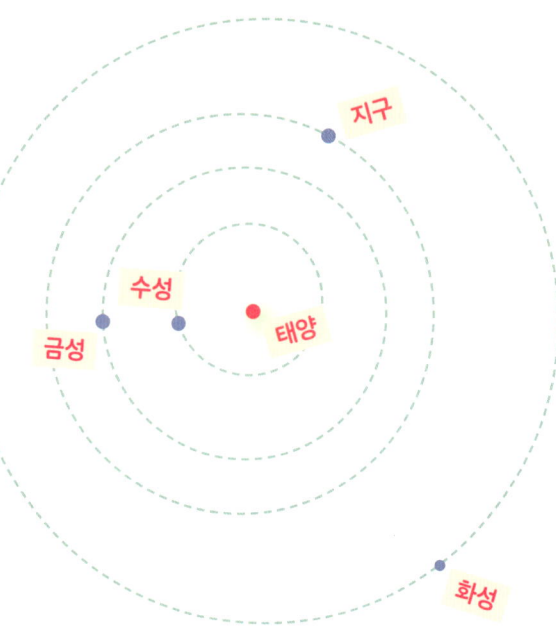

태양에 가장 가까운 네 행성의 궤도예요.

지구처럼 바위가 있는 행성도 있고 목성처럼 가스로 이루어진 행성도 있어요.

궤도의 모양은 원처럼 보이지만 일부는 타원형이에요.

지구가 태양으로부터 멀어지지 않는 이유는 무엇일까요? 여러분이 축구공을 찼을 때를 떠올려 보세요. 축구공은 아무리 세게 차도 지구를 벗어나지 않고 그대로 땅에 떨어지죠. 이것은 지구가 축구공을 끌어당기고 있기 때문이에요. 이 힘을 바로 **중력**이라고 해요. 우리가 땅 위에 서 있을 수 있는 것도 바로 중력 때문이죠. 질량을 가진 모든 물체가 중력을 생성할 수 있지만, 지구나 별처럼 매우 거대한 물체만이 큰 중력을 만들 수 있어요. 우리는 우주에 무엇이 있는지 어떻게 알 수 있을까요? 사람을 태운 우주선을 우주로 보내거나, 우주 망원경을 사용해 지구 밖 태양계 행성들을 탐사해요.

달의 중력은 지구 중력의 6분의 1에 불과해요. 여러분이 달에 있다면 지구에서보다 몸이 6배 정도 더 가볍게 느껴질 거예요. 아주 작은 동작으로도 더 높이 뛸 수 있답니다.

미국 팔로마산 천문대에 있는 지름 508센티미터의 반사 망원경이에요.

중력이 가장 좋아하는 계절은 무엇일까요?
가을이에요.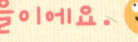
• fall: 떨어지다, 가을

우주 13

망원경

망원경은 멀리 있는 물체를 더 잘 보기 위해 사용해요. 망원경을 통해 사물을 보면 실제보다 더 크고 가깝게 보이죠. 망원경 발명 이후, 기술이 발전하면서 망원경은 훨씬 더 크고 좋아졌어요. 덕분에 인간의 천체 관측 능력도 발전했죠. 천문학자들은 행성, 항성, 은하수를 비롯한 우주의 많은 것들을 연구하기 위해 거대 망원경을 사용해요. 카메라가 달린 망원경은 우주에서 관측한 물체의 모습을 촬영할 수 있어요.

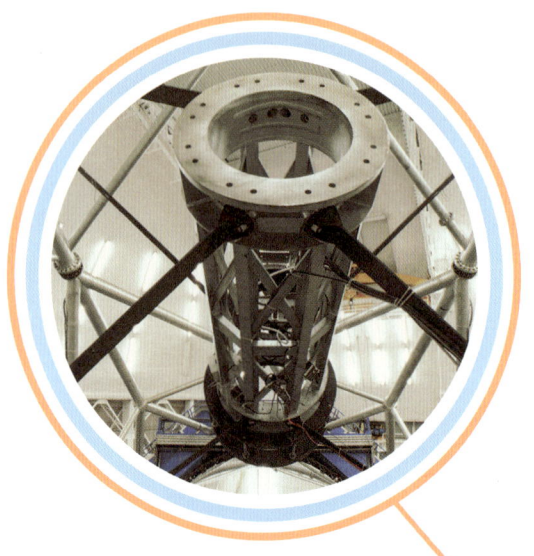

제미니천문대 북부 본부에 있는 거대한 망원경의 일부예요. 하단에는 지름 8미터의 반사경이 있어요.

천문학자는 때때로 자외선과 적외선처럼 눈으로 직접 볼 수 없는 빛을 보기 위해 망원경을 사용해요.

어떤 망원경은 안경에 쓰이는 것과 같은 종류의 렌즈를 사용해요. 일부는 곡면 거울을 사용하거나 렌즈와 거울 모두를 이용하기도 해요.

망원경은 주로 건조하고 맑은 날이 많은 지역의 산꼭대기에 세워졌어요. 이러한 지역은 먼 곳의 물체를 보기 어렵게 만드는 구름이나 대기 같은 환경 요소에 영향을 받지 않아요.

망원경과 현미경은 왜 친구가 될 수 없을까요?
망원경은 멀리 있는 걸 보고 현미경은 가까이 있는 걸 보니까요. 😊

우주 망원경

인류는 망원경이 발전할수록 더 많은 것을 꿈꾸었고, 우주 너머까지 관측하기를 원했어요. 그래서 지구 환경에 영향을 받지 않는 우주 공간에 망원경을 설치해 우주 망원경을 탄생시켰죠! 우주에서 망원경을 작동하는 일은 힘들고 비용도 많이 들어요. 하지만 노력할 만한 가치가 있어요. 우주 망원경은 구름, 안개, 대기의 영향을 받지 않기 때문에 이전보다 더 멀리 볼 수 있어요. 또한 우리가 몰랐던 우주의 화려하고 찬란한 모습을 관측하고 사진으로 남겨요.

우주 왕복선 디스커버리호에서 찍은 허블 우주 망원경이에요.

허블 우주 망원경은 20년이 넘는 시간 동안 수많은 우주의 신비를 포착했어요. 특히 허블 딥 필드(Hubble Deep Field)는 대표적인 업적이에요. 아무것도 없는 우주 공간을 관측한 결과 2,000개 이상의 은하를 찾아냈죠.

허블 우주 망원경은 1990년부터 현재까지 우주에서 일하고 있어요.

여러분은 엑스레이가 인체의 뼈를 보는 데 사용된다는 사실을 알고 있을 거예요. 나사(NASA)는 별과 다른 우주 물체를 연구하기 위해, X선 대역을 관측하는 우주 망원경인 찬드라 엑스선 관측선을 사용해요.

우주에 있는 물체는 무엇으로 구성된 걸까요?

우주에 있는 물체는 정말 멀리 떨어져 있어요. 인류는 단지 몇 군데에만 우주선을 보내 탐사한 거예요. 그렇다면 천문학자는 우주에 존재하는 물체가 무엇으로 구성됐는지 알아내기 위해 어떤 연구를 할까요?

천문학자는 우주에서 보내온 데이터를 분석하기 위해 빛의 색에 있는 패턴을 이용해요. 지구로 예를 들어 볼게요. 지구를 구성하는 녹색은 무언가가 식물이라는 것을 의미해요. 갈색은 대체로 먼지를 나타내는 색이고요. 하지만 갈색은 나무등치를 나타내는 경우도 많아요. 나무등치와 먼지를 어떻게 구별할까요? 천문학자는 빛을 무지개처럼 나누는 과학적인 방법을 사용해요. 그런 다음 각 색깔의 부분이 얼마나 밝은지 측정해 물체를 구별하죠. 또한 적외선이나 자외선처럼 눈으로 볼 수 없는 빛을 측정할 수 있는 도구를 사용해요.

화성 탐사 로봇 스피릿(Spirit)이 찍은 화성의 모습.

화성은 지구와 매우 가까운 행성이에요. 산화철이 풍부한 바위와 흙으로 덮여 있어 붉은빛을 띠고 있어요.

우주에서 마시는 물은 뭘까요?
은하수(水)!

물체는 저마다 다른 색깔의 빛을 흡수하거나 반사해요. 색의 패턴을 찾으면 물체가 어떤 물질로 이루어져 있는지 알 수 있어요. 모든 사람이 저마다 다른 지문을 가지고 있는 것처럼, 모든 물체는 빛의 스펙트럼에서 각자 고유한 패턴을 가지고 있어요.

천문학자들은 태양에서 최초로 헬륨을 발견했어요. 1868년, 프랑스 천문학자 피에르 장센은 햇빛의 스펙트럼을 분석하는 과정에서 헬륨을 발견했죠. 나중에는 헬륨이 지구에도 존재한다는 것이 밝혀졌어요. 헬륨은 공기보다 가벼워 주로 비행선이나 풍선에 주입해요.

알고 있나요?

물질이 무엇으로 구성되어 있는지 알기 위해 빛을 세밀하게 나누어 분석하는 것을 **분광학**이라고 해요.

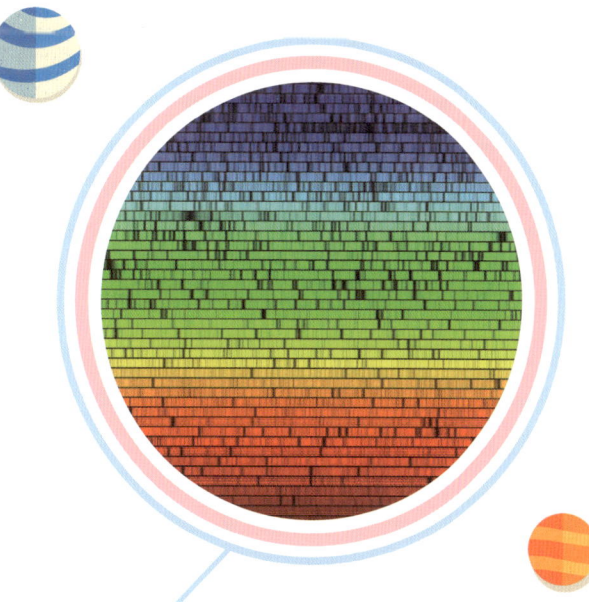

천문학자들은 분광학을 이용해 별들이 수소로 이루어져 있다는 것을 알아냈어요.

태양 빛은 사진처럼 무지개 색으로 나눌 수 있어요. 군데군데 세로로 나 있는 검은 선을 보면 태양이 어떤 원소로 구성되어 있는지 알 수 있어요.

빅뱅

은하와 별의 무리는 서로 점점 멀어지고 있어요. 물론 우리에게서도 멀어지고 있죠. 이것은 마치 풍선을 부풀리는 것과 같아요. 풍선에 점을 여러 개 찍은 후 부풀리면 점들은 서로 멀어지죠. 자, 시간을 거슬러 과거로 돌아간다고 상상해 보세요. 과거로 거슬러 올라갈수록 우주는 점점 작아질 거예요. 만약 훨씬 더 먼 과거로 돌아간다면, 마침내 우주는 아주 작은 하나의 점이 될 거예요. 그렇다면 우주도 어느 순간 작은 존재로 태어나 오늘날까지 꾸준히 팽창해 온 것은 아닐까요? 이러한 생각이 **빅뱅 이론**으로 이어졌어요. 우주는 '빅뱅'으로 시작되었어요. 빅뱅은 사상 최대의 폭발과 같은 거예요! 지금도 우주를 관찰하면 여러 은하 사이의 공간이 계속해서 멀어지고 또 팽창하는 것을 알 수 있어요. 이것은 빅뱅 이론을 뒷받침하는 근거가 돼요.

허블 우주 망원경이 찍은 허블 울트라 딥 필드(Hubble Ultra Deep Field)예요. 셀 수 없이 많은 은하가 보여요.

제인: 불꽃놀이를 보니 우주가 생각나!
스미스: 왜?
제인: 둘 다 펑 터져서 생겼으니까! 😀

빅뱅은 138억 년 전에 일어났어요. 우주의 역사는 정말 오래되었답니다.

빅뱅 전에는 무슨 일이 일어났을까요? 아무도 몰라요. 하지만 빅뱅 이론은 우리가 지금 우주에서 보고 있는 상황을 가장 잘 설명해 주어요.

허블 우주 망원경의 이름은 미국의 천문학자 에드윈 허블의 이름을 따서 지어졌어요. 그는 우주에 수많은 은하가 있다는 것과 우주는 항상 팽창하고 있다는 사실을 밝혀냈어요.

우주 19

은하

은하는 먼지와 가스뿐만 아니라 많은 별로 이루어진 거대한 집합체예요. 은하들 사이에는 막강한 중력이 작용해요. 중력은 서로에게 영향을 미치며 은하의 움직임이나 모양을 바꾸어 놓죠. 그래서 은하에 있는 수많은 별은 다양한 모양을 만들어 내요. 그 모양에 따라 은하를 세 가지로 분류해요. 나선 은하는 소용돌이 모양의 나선 팔을 가지고 있고, 옆에서 보면 약간 납작한 원반 모양이에요. 이와 달리 타원 은하는 뚜렷한 모양이 없는 덩어리처럼 보여요. 불규칙 은하는 특정한 형태를 띠지 않는 그 외의 것을 말해요. 우리는 **우리 은하**(Milky Way Galaxy)라고 불리는 나선 은하에 살고 있어요.

은하에는 몇 개의 별들이 있을까요? 정확히 셀 수도 없을 만큼 많아요!

망원경으로 찍은 안드로메다은하예요.

천문학자는 우주에 수천억 개의 은하가 있다고 추측해요.

안드로메다은하는 지구와 가까운 은하 중 하나예요. 이것은 뿌옇고 희미한 덩어리처럼 보이죠. 가을과 겨울 북반구의 하늘을 올려다보면 안드로메다은하를 맨눈으로 볼 수 있어요.

우리 은하

우리가 살고 있는 은하계 또는 은하를 우리 은하라고 해요. 영어로는 '밀키 웨이 갤럭시'라고 하며 우리말로는 '미리내'라고 해요. 우리 은하에는 지구를 포함한 태양계가 속해 있어요. 우리 은하는 납작한 원반 모양으로 생겼고, 지름은 약 10만 광년이라고 해요. 우리가 속한 태양계는 은하의 중심과 바깥 가장자리의 중간쯤에 위치해요. 우리 은하에 속한 모든 것은 은하 중심 주위를 돌아요. 태양은 초당 220킬로미터의 속도로 은하 중심을 공전하며, 그 주기는 약 2억 5천만 년이에요.

은하수는 왜 밀키 웨이라고 불릴까요? 옛날 사람들은 밤하늘에 흐릿하게 빛나는 수많은 별들을 보고, 마치 우유를 부려 놓은 것 같다고 생각했기 때문이죠!

앨버트: 방금 우리 집에 은하가 생겼어!
샐리: 그게 무슨 말이야?
앨버트: 바닥에 우유를 쏟았거든. 😀
• milky way: 은하수

밝은 별들과 짙은 먼지가 보이는 우리 은하의 모습.

은하수는 지구에서 보는 우리 은하의 일부 모습이에요. 태양계가 우리 은하 안에 있기 때문에 우리는 은하수를 볼 수 있어요. 은하수는 수많은 별이 모여 있는 형태로 은빛 줄무늬처럼 보여요. 인공 불빛이 많은 도심에서는 은하수를 보기가 힘들어요. 만약 여러분이 은하수를 보고 싶다면, 빛이 없는 산 주변이나 지역 관측소를 방문해 보세요.

무수한 별들로 이루어진 아름다운 은하수의 모습.

우리가 맨눈으로 볼 수 있는 별들은 모두 우리 은하 안에 있어요.

미국에는 밀키 웨이(Milky Way)라는 유명한 초콜릿 바가 있어요. 우리 은하의 이름을 따서 지은 거예요.

은하수를 우리말로 왜 미리내라고 부를까요? 옛날에는 미리(용)가 사는 내(냇가)라고 생각했대요. 🙂

성운

성운은 우주에 있는 먼지와 가스로 이루어진 거대한 물질이에요. 성운은 대형 우주 망원경으로 보면 매우 아름답게 보여요. 우주 망원경이 포착한 성운 이미지는 정말 화려하고 신비롭죠. 성운은 수많은 아기별이 탄생하는 곳이기도 하며, 별이 생애를 마친 후 돌아가는 곳이기도 해요.

오리온 대성운은 맨눈으로도 볼 수 있는 크고 밝은 성운이에요. 오리온의 검에 해당하는 작은 세 별 중 가장 유명한 발광 성운이죠.

우주에서 가장 아름다운 성운은 무엇일까요? 고양이 눈 성운일 거예요! 이 성운은 지금까지 알려진 성운 중 구조가 가장 복잡해요.

허블 우주 망원경이 찍은 오리온 대성운이에요.

게 성운은 별의
폭발(초신성)로 인해 남은
가스와 먼지예요.

말머리 성운은 실제로 말의
머리처럼 생겼어요.

우주 망원경이 찍은 석호 성운의 중심부예요.
짙은 먼지와 가스 구름이 보여요.

환경미화원은 왜 성운을
싫어했을까요?
먼지 때문이죠.

24 우주 관찰 백과

암흑 물질

암흑 물질이란 정확히 무엇일까요? 암흑 물질은 분명히 존재하지만 보이지 않고, 정체가 아직 알려지지 않은 물질이에요. 현대 천문학의 미스터리 중 하나죠. 그래서 천문학자들은 망원경으로 직접 관측하지 못하는 물질임을 의미하기 위해 '암흑'이라는 용어를 사용한 거예요. 천문학자들은 왜 보이지도 않는 존재를 있다고 생각할까요? 별은 은하의 중심에 가까울수록 빠르게 공전해요. 그런데 천문학자들이 은하계를 관측해 보니 별들의 공전 속도가 그들의 계산과 달랐어요. 은하의 중심과 멀어질수록 속도가 느려져야 하는데, 실제로는 중심에서 멀어져도 속도가 비슷했죠. 그래서 보이지 않는 암흑 물질이 존재해서 은하의 공전에 영향을 미친다고 추측하는 거예요.

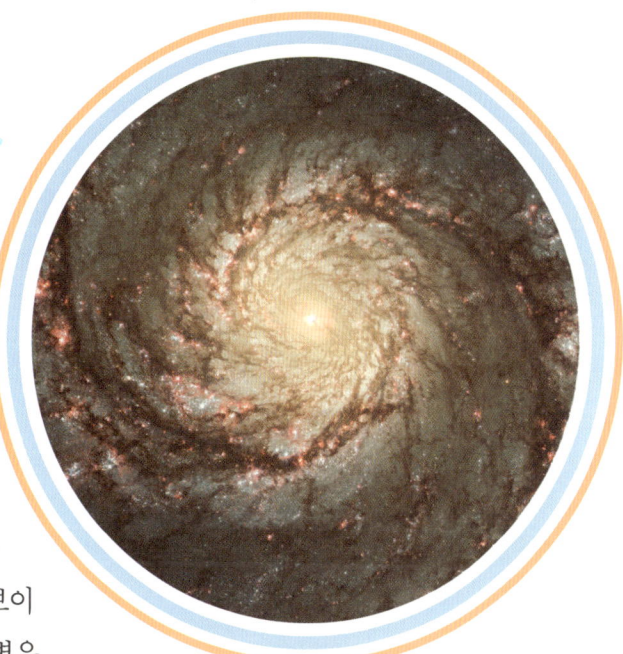

소용돌이 은하예요.

암흑 물질은 우주를 이루는 물질의 약 27퍼센트를 차지해요.

은하들이 흩어지지 않도록 잡아당기는 데 필요한 중력은 암흑 물질로부터 나와요.

다니엘: "내 의상 맘에 들어?"
케빈: "도저히 못 봐주겠다. 정체가 뭐야?"
다니엘: "바로 그거야! 나는 암흑 물질로 만든 옷을 입었거든."

암흑 에너지

암흑 에너지는 암흑 물질처럼 정체를 알 수 없으면서 질량은 없는 에너지를 말해요. 천문학자들은 빅뱅 이후, 우주에 있는 모든 물체가 서로 더 멀어지고 있는 것을 발견했어요. 이러한 현상은 오늘날에도 계속되고 있으며, 우주의 팽창은 가속화되고 있죠. 천문학자들은 우주를 빠르게 팽창시키는 어떤 에너지가 존재한다고 생각하고 이것을 '암흑 에너지'라고 정의해요.

허블 우주 망원경은 수많은 은하를 포착했어요.

암흑 에너지는 1998년, 천문학자 솔 퍼머터와 브라이언 슈미트의 연구팀이 발견했어요. 암흑 물질은 그 전인 1970년, 천문학자 베라 루빈이 발견했죠. 암흑 에너지와 암흑 물질은 완전히 다른 개념이에요. 혼동하지 않도록 주의하세요!

암흑 에너지는 우주를 이루는 물질의 68퍼센트 정도를 차지해요.

지구 너머의 생명체?

과연 지구 너머에 생명체가 있을까요? 여러분은 외계인의 존재를 믿나요? 아직 인류는 지구 너머에서 그 어떤 생명체도 발견하지 못했어요. 우주에 인류 외에 또 다른 생명체가 있다는 증거는 없지만, 우리는 여전히 우주 어딘가에 생명체가 존재할 거라고 기대해요. 우주는 정말 어마어마하게 큰 곳이니까요!

전파 망원경은 먼 우주에서 오는 전파 신호를 포착해요.

생명체가 살기 위해 필요한 요소는 다음과 같아요.

1. 에너지원 (예: 햇빛)
2. 탄소와 같은 특정 원소
3. 액체 상태의 물

과학자들은 무선 신호와 레이저 신호를 분석해 외계 생명체가 보내는 메시지를 추적해요. 미국의 민간 연구소인 외계지적생명탐사(SETI) 연구진은 외계 생명체가 보낸 것으로 추측되는 신호를 발견했어요.

여러분은 외계인을 좋아하나요? 그렇다면 영화 〈ET〉와 〈장강 7호〉를 감상해 보세요! 🙂

우주 27

태양계에는 생명체가 살 수 있는 행성과 위성이 있어요. 만약 태양계에 생명체가 존재한다면, 아마도 박테리아와 같은 미생물일 거예요. 다른 태양계에도 많은 행성이 있고 일부는 지구와 비슷할 거예요. 아직 확실하게 밝혀진 증거는 없지만 그곳에 지능을 가진 생명체가 있을 수도 있어요.

태양계 행성 중 생명체가 존재할 가능성이 높은 곳은 어디일까요?

화성.
화성의 마리너 협곡은 물에 의해 침식된 흔적이 남아 있어요. 이 외에도 물이 흐른 흔적이 여러 군데 있어요.

목성의 위성인 유로파.
천문학자들은 유로파의 얼음 지각 아래 액체 상태의 바다가 있을 것으로 추측해요.

토성의 위성인 엔켈라두스.
엔켈라두스에는 얼음 알갱이를 뿜어내는 간헐천이 있어요. 이것은 얼음 지각 아래에 깊은 바다가 있다는 증거예요.

2장
별과 별자리

밤하늘 가득 아름답게 빛나는 별은 정말 아름다워요. 별은 하늘에서 고유의 패턴과 모양을 형성하고 있어요. 태양을 제외한 모든 별은 지구로부터 멀리 떨어져 있기 때문에 점처럼 작아 보여요. 하지만 실제로는 크고 뜨겁죠. 별은 각기 다른 크기, 색깔, 밝기를 가졌어요. 때때로 수명을 다한 별은 가스와 먼지 등을 뿜어내며 폭발해요.

별

별은 천문학적인 표현으로 항성이라고 하며, 빛을 내는 공 모양의 거대한 가스 덩어리예요. 여러분이 잘 알고 있는 태양도 별이에요. 태양을 제외한 모든 별은 너무 멀리 있어서 밤하늘의 반짝이는 점처럼 보여요. 밤하늘에 있는 별들을 망원경으로 관측하면 별의 색깔이 다양하다는 것을 알 수 있어요. 이것은 별들의 표면 온도가 서로 다르기 때문에 생기는 현상이에요. 표면 온도가 높은 별은 푸른빛을 내고 표면 온도가 낮은 별은 붉은빛을 내요.

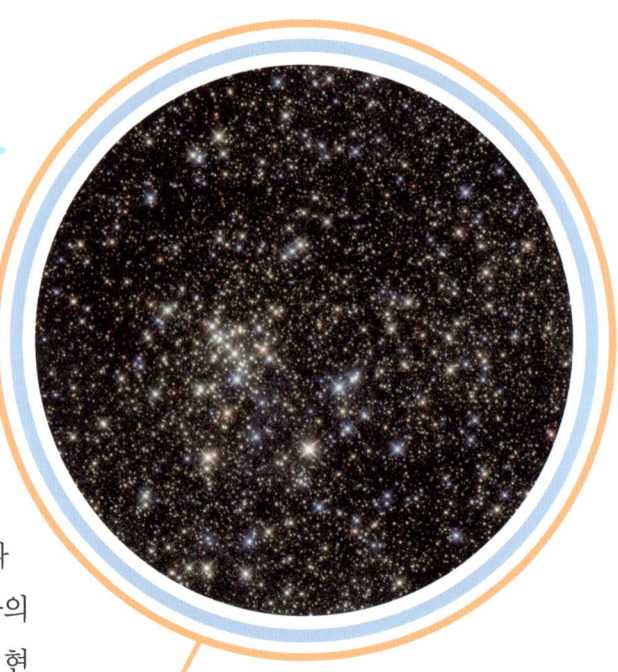

수많은 별이 모여 있는 다섯 쌍둥이 성단이에요.

우주에서 가장 밝은 별은 무슨 색일까요? 청색이에요. 청색별의 온도는 3만 도가 넘어요.

별들은 크기가 모두 달라요. 하지만 너무 멀리 있기 때문에 우리는 정확히 알 수 없어요.

히아데스성단에 있는 별들 중 일부예요.
별들의 다양한 색깔에 주목하세요.

지구에는 하나의 태양이 뜨지만 다른 행성에서는 태양이 두 개, 세 개, 네 개가 뜨기도 해요.

알고 있나요?

기체는 고온이 되면서 플러스와 마이너스 전기를 갖는 입자로 분리돼요. 이러한 상태가 된 기체를 **플라스마**라고 해요. 우주에서는 거의 모든 물질이 플라스마 상태로 되어 있어요. 별의 내부나 별을 둘러싸고 있는 주변 공간에 있는 물질들도 대부분 플라스마 상태랍니다.

별과 별자리

별자리

별은 고유의 모양과 패턴을 형성해요. 이러한 패턴 중 일부를 **별자리**라고 해요. 사람들은 밤하늘을 올려다보면서 밝은 별을 서로 연결해 여러 가지 모양과 동물 형상을 떠올렸어요. 이렇게 별을 보고 떠올리거나 비슷하다고 생각한 것에 따라 별자리의 이름이 지어진 거예요. 예를 들어, 큰개자리는 라틴어로 '커다란 개'를 의미해요. 별자리를 보면 정말 커다란 개 모습이 연상되죠. 오리온자리와 같이 알아보기 쉬운 별자리가 있는 반면, 알아보기 까다로운 별자리도 있답니다.

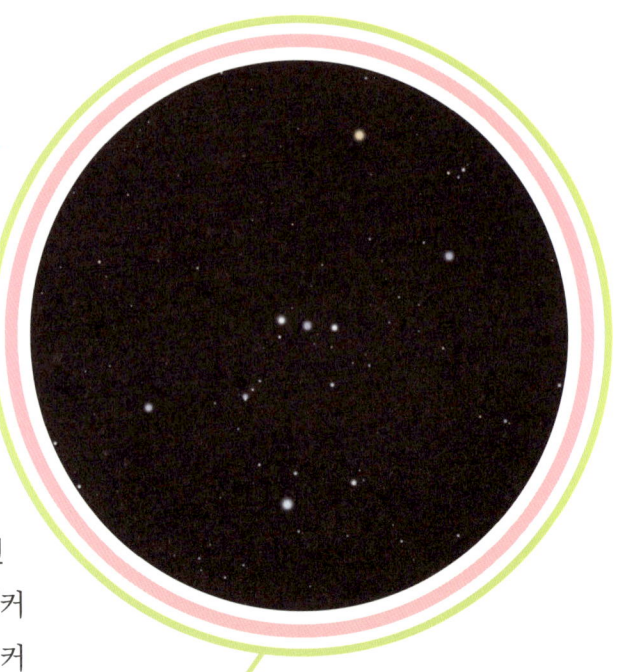

그리스 신화 속 사냥꾼 오리온의 전설을 담은 오리온자리예요. 가장 밝게 빛나는 두 개의 별 사이에 세 개의 별이 한 줄로 나란히 붙어 있어요. 이것을 '오리온의 허리띠'라고 해요.

국제천문연맹에서 정식으로 인정한 별자리는 88개예요.

천문학자들은 하늘을 나누기 위해 88개의 별자리를 사용해요. 마치 국경으로 나라를 나누는 것과 비슷해요.

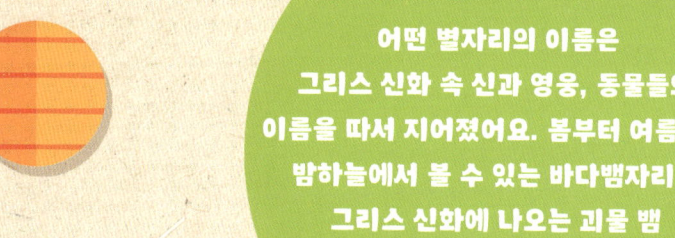

어떤 별자리의 이름은
그리스 신화 속 신과 영웅, 동물들의
이름을 따서 지어졌어요. 봄부터 여름까지
밤하늘에서 볼 수 있는 바다뱀자리는
그리스 신화에 나오는 괴물 뱀
히드라를 상징해요.

오른쪽 별자리는 오리온자리,
왼쪽 별자리는 큰개자리예요.

별과 별자리

성군

성군은 별자리의 일부지만 별자리와 구분해서 부르는 별의 집단을 말해요. 여기에는 여러분이 잘 아는 북두칠성이 있어요. 북두칠성은 북쪽 하늘에서 쉽게 찾을 수 있는 별자리예요. 밝게 빛나는 일곱 개의 별이 국자 모양을 이루고 있어요.

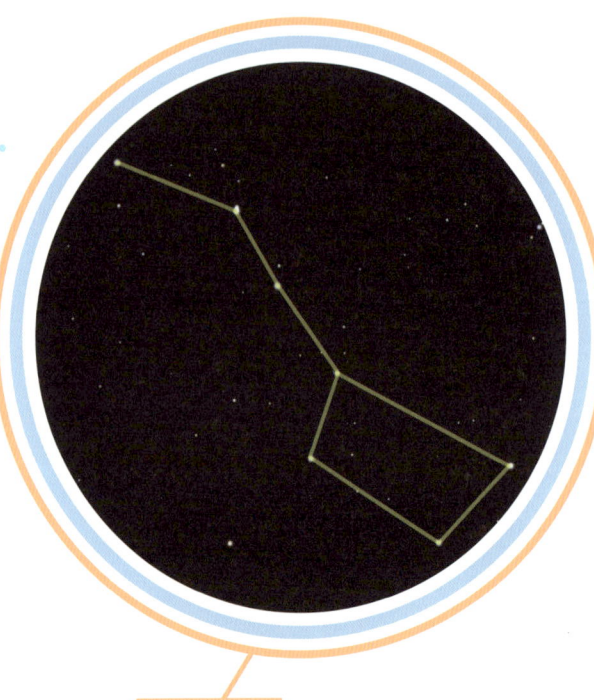

북두칠성

여러 나라는 북두칠성을 보고 다양한 생각을 떠올렸어요. 영국과 아일랜드에서는 북두칠성을 쟁기 모양으로 보고, 독일과 루마니아에서는 마차로 봐요. 말레이시아는 배라고 보고, 미얀마에서는 새우로 본다고 해요!

북두칠성은 '큰곰'을 의미하는 큰곰자리의 일부예요.

소북두칠성도 있어요.

별자리와 성군은 어떻게 구별할 수 있을까요? 별자리는 별뿐만 아니라 하늘의 한 부분을 지칭해요. 예전에는 별자리 이름이 지역에 따라 다르게 사용되었기 때문에 혼란스러웠고 불편했어요. 그래서 국제천문연맹은 별자리의 계통을 정리해 88개의 별자리를 공식적으로 인정했죠. 성군은 공식적으로 인정된 별자리는 아니지만 하늘에 보이는 별들의 다른 집단을 말해요.

밤하늘에 북두칠성이 보인다면 여러분은 북극성을 찾을 수 있어요!

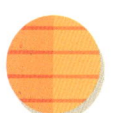

북십자성과 남십자성은 둘 다 십자가처럼 생겼어요.

여러분의 별자리는 무엇인가요? 자신의 별자리를 검색해 오늘의 운세를 확인해 봐요. 😊

여름철 북반구 밤하늘을 올려다보면, 세 개의 별을 볼 수 있어요. 백조자리의 데네브, 독수리자리의 알타이르, 거문고자리의 베가예요. 이 별들을 이어 만든 삼각형 모양의 성군을 '여름의 대삼각형'이라고 불러요.

별과 별자리   35

성단

성단은 많은 별이 모여 있는 천체를 말해요. 성단은 모양에 따라 구상 성단과 산개 성단으로 나누어져요. 성단을 구성하는 별들은 대부분 생성된 시기가 비슷해요.

허블 우주 망원경이 찍은 거대한 구상 성단의 모습.

구상 성단은 수십만 개의 별들이 공 모양으로 빽빽하게 모여 있는 성단이에요. 붉은색을 띠는 늙은 별들이 많죠. 산개 성단은 수만 개의 별들이 비교적 엉성하게 모여 있는 성단이에요. 푸른색을 띠는 젊은 별들이 많아요.

플레이아데스성단은 황소자리에 있는 산개 성단이에요. 성단의 별 중 6개의 밝은 별은 맨눈으로도 볼 수 있어요. 쌍안경으로 보면 더 많이 볼 수 있어요.

우주에 사는 벌레를 뭐라고 할까요?
스타벅스 🙂
- star: 별
- bugs: 벌레

일부 성단은 모양에 따라 재미있는 별명으로 불려요. 나비 성단, 벌집 성단, 야생오리 성단 등이 있답니다.

빛나는 별들이 콕콕 박힌 프레세페성단 M44예요. '벌집 성단'이라는 별명을 가졌어요.

별의 일생

별은 거대한 가스와 먼지 구름에서 태어나요. 물론 사람처럼 태어나지는 않아요. 먼저 가스와 먼지 구름에 중력이 작용하여 성운이 만들어져요. 성운은 점점 크기가 커지고 압축되면서 중심부가 뜨거워져요. 여기서 원시별(만들어지고 있는 별)이 탄생해요. 그리고 별의 청년기에 해당하는 주계열성 단계가 되면, 별은 핵융합 반응을 하면서 빛과 열을 내뿜어요.

플레이아데스성단. 먼지와 가스 구름 사이에 새로운 별들이 있어요.

알고 있나요?

별의 수명과 진화는 크기에 의해서 달라지는 것이 아니라 **별의 질량**에 따라 달라져요. 질량이란 어떤 물체에 포함되어 있는 물질의 양이에요.

플레이아데스성단은 별이 탄생하는 모습을 보여 줘요. 성단 내부에는 별이 탄생할 때의 흔적이 남아 반사 성운으로 빛나고 있어요. 먼지와 티끌이 모여 아름다운 푸른빛을 내고 있죠.

별은 질량에 따라 짧게는 수백만 년에서 길게는 수천억 년을 살아요. 별이 수명을 다하면 이상한 일이 일어나요. 별은 적색 거성, 백색 왜성, 블랙홀 등으로 변해요.

알고 있나요?

별이 스스로 빛을 내는 원동력은 무엇일까요? 바로 **핵융합**이에요. 핵융합이란 원소가 높은 온도와 압력으로 합쳐져서 더 무거운 원소가 되는 과정이에요. 별은 중심핵에서 수소가 헬륨으로 바뀌는 수소 핵융합 반응이 일어나요. 이때 많은 빛과 에너지가 만들어져요.

별은 크기가 클수록 수명이 짧아요. 크기가 크면 질량도 커서 정말 빠르게 타오르거든요. 태양은 비교적 중간 크기의 별이랍니다.

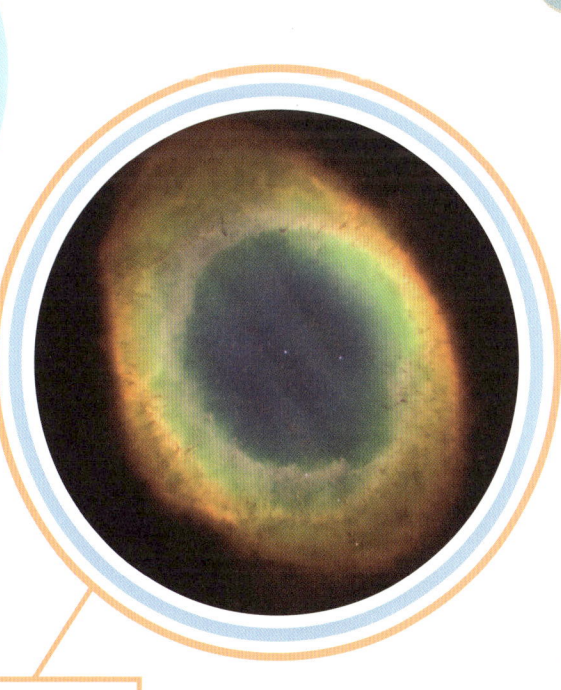

고리 성운은 죽어가는 별이 사방으로 물질을 뿜어내며 남긴 흔적이에요.

적색 거성

대부분의 별은 수명이 다할 무렵 적색 거성으로 변해요. 적색 거성 단계까지 진화한 별은 많은 양의 에너지를 방출하고, 점점 더 팽창해요. 표면 온도가 낮아 붉은색을 띠지만 너무 멀리 떨어져 있기 때문에 우리 눈에는 점처럼 보이죠. 하지만 맨눈으로 관측할 수 있는 적색 거성의 붉은 별들도 있어요.

오리온자리의 거대한 별인 베텔게우스는 적색 초거성이에요. 사진의 맨 위쪽에서 가장 밝게 빛나는 별이 베텔게우스예요.

적색 거성은 크기가 매우 거대하고 표면 온도가 낮기 때문에 붉은색으로 보여요.

적색 거성에는 황소자리의 알데바란이 있어요. 오리온자리의 베텔게우스와 전갈자리의 안타레스는 적색 초거성이에요.

적색 초거성은 매우 큰 크기를 자랑하는 천체예요. 어떤 것은 너무 커서 만약 우리 태양계에 있다면, 화성의 궤도보다 더 클 수도 있어요. 적색 초거성 베텔게우스는 크기가 무려 태양 지름의 900배에 달해요.

신성과 초신성

신성과 초신성은 별이 폭발할 때 나오는 빛으로 인해 일시적으로 엄청나게 밝아지는 현상을 말해요. 초신성의 경우 밝아지는 정도가 신성보다 훨씬 크기 때문에 앞에 '초'가 붙어요. 신성과 초신성은 폭발 과정이 달라요. 신성은 별의 껍질만 폭발하는 반면, 초신성은 별 자체가 폭발해서 사라져요. 그야말로 어마어마한 폭발이죠!

신성은 보통 별들의 상호 작용에서 일어나요. 초신성은 질량이 큰 별이 일생의 마지막 단계에서 폭발하면서 발생하는 현상이에요.

초신성은 일시적으로 수많은 별을 가진 은하 전체보다 더 밝게 빛나기도 해요.

초신성은 먼지와 가스 성운을 남겨요.

은하의 왼쪽 아래를 보세요. 초신성이에요!

백색 왜성

백색 왜성은 태양의 질량보다 작은 별들이 진화 끝에 도착하는 종착지예요. 별은 적색 거성이 된 다음, 행성상 성운을 형성해요. 이후 탄소와 산소로 이루어진 핵만 남은 상태가 되는데, 이것이 백색 왜성을 형성해요. 백색 왜성은 연소시킬 연료를 모두 소비했기 때문에 핵융합을 일으키지 않아요. 종종 적색 거성 단계 이후에 바로 나타나기도 해요.

왜성(dwarf)은 크기가 작은 별을 뜻해요. 백색 왜성의 크기는 거의 지구 정도예요.

백색 왜성은 크기와 질량이 작아 에너지를 생성할 수 없어요. 또한 밀도가 매우 높아요.

가운데에서 밝게 빛나는 별은 시리우스 A예요. 왼쪽 아래에 보이는 작은 점이 시리우스 A의 짝별 B예요. 천문학자들은 밝은 별 시리우스를 시리우스 A, 어두운 그 짝별을 시리우스 B라고 불렀어요. 시리우스 B는 백색 왜성이에요.

중성자별

중성자별은 중심부가 중성자로 이루어진 별이에요. 중성자란 전하를 띠지 않는 아주 작은 입자를 말해요. 중성자별은 매우 작아요. 대략 도시 하나 크기예요. 그리고 일반적인 별의 질량을 가지고 있죠. 중성자별은 밀도가 매우 높아서 굉장히 빠르게 회전해요.

망원경으로 찍은 중성자별. 화살표가 중성자별을 가리키고 있어요.

중성자별은 지구상에 있는 모든 것을 각설탕 하나의 크기로 뭉친 만큼의 밀도를 가지고 있어요.

중성자별은 매우 작기 때문에 망원경으로도 관측하기 어려워요.

중성자별은 어떻게 엄청난 속도로 회전할 수 있는 걸까요? 피겨 스케이트 선수가 팔을 안으로 오므리면 더 빨리 돌죠? 이것과 같은 원리예요. 큰 별이 작은 중성자별로 쪼개지면서 별의 각운동량이 유지되기 때문에 더 빨리 돌게 되는 거예요.

중성자별의 힘이 점점 커지면 블랙홀이 돼요! 😊

별과 별자리

펄서

펄서는 빠르게 회전하는 중성자별의 한 종류예요. 펄서는 짧고 규칙적인 펄스 형태의 전파 신호를 방출해요. 천문학자는 망원경을 사용해 펄스 신호와 섬광을 관측할 수 있어요. 빠르게 회전하면서 전파를 내는 펄서는 등대처럼 규칙적으로 깜박여요. 지구에서는 펄서의 자기장 축이 회전축을 중심으로 돌다가 지구를 향할 때마다 펄서의 빛을 볼 수 있어요.

찬드라 엑스선 망원경이 포착한 벨라 펄서. 중앙에 있는 밝은 점에서 무언가를 내뿜고 있어요.

펄서가 처음 발견되었을 때, 사람들은 혹시 외계인의 신호가 아닐까 생각했어요. 그러나 곧 다른 펄서를 더 발견했죠. 과학자들은 이 전파 신호가 외계인이 보내는 것이 아니라 천체에서 나오는 것임을 알아냈어요.

펄서는 빠르게 회전해요. 어떤 펄서는 1초에 1회 이상 돌아요. 가장 빠른 펄서는 초당 716번을 회전해요!

블랙홀

여러분은 블랙홀에 대해 들어 본 적이 있을 거예요. 블랙홀은 무시무시하면서도 우리의 호기심을 자극하죠! 블랙홀은 중력이 너무 강해 빛을 포함한 모든 전자기파가 빠져나가지 못하는 우주 공간을 뜻해요. 블랙홀은 어떻게 만들어질까요? 사실 블랙홀의 기원에 대해 천문학자들의 의견은 분분해요. 하지만 많은 천문학자는 블랙홀이 태양보다 수십 배의 질량을 가진 별이 폭발해서 만들어졌다고 추측해요. 또한 초신성 이후 주변에 남은 물질을 흡수하여 블랙홀로 진화하는 경우도 있어요. 질량이 큰 별들만이 백색 왜성과 중성자별 단계를 지나 블랙홀이 되는 거죠. 블랙홀은 강한 중력 작용으로 모든 빛을 끌어당겨요. 반사되는 빛이 없으니 마치 어둠처럼 관측되지 않아요. 그래서 블랙홀이라고 부르는 거예요.

블랙홀에서는 그 어떤 빛도 볼 수 없어요. 하지만 어떤 물체가 블랙홀로 들어갈 때, 엑스선이나 다른 빛을 방출하는 것은 볼 수 있어요.

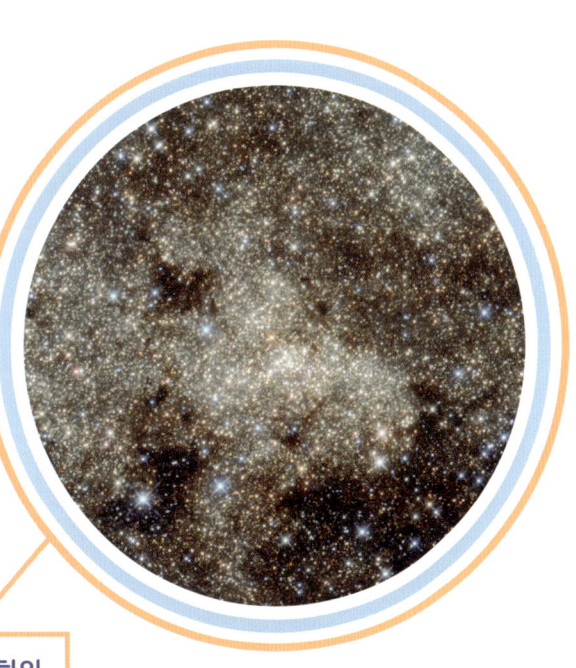

망원경으로 본 우리 은하의 중심. 여기에 눈으로 볼 수 없는 블랙홀이 있어요.

별과 별자리

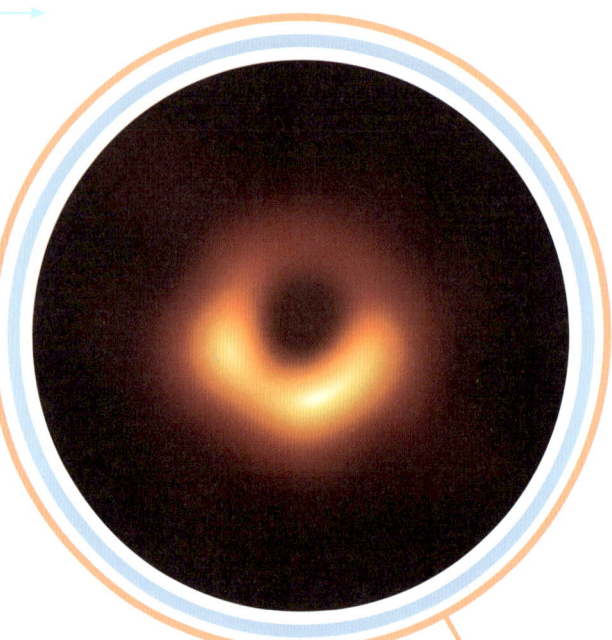

천문학자들은 모든 은하의 중심에 블랙홀이 존재한다고 추측해요.

처녀자리 은하 중심에 있는 M87 블랙홀. 중심부의 어두운 영역은 블랙홀과 블랙홀을 포함하는 '그림자'예요. 고리 모양으로 빛나는 영역은 블랙홀의 중력에 의해 휘어진 빛이랍니다.

2019년, 인류 역사 최초로 M87 은하의 중심부에 있는 블랙홀을 관측했어요. 블랙홀의 질량은 태양의 65억 배에 달한다고 해요.

빛이나 물질이 다시는 빠져나올 수 없게 되는 블랙홀의 경계면을 사건의 지평선이라고 해요.

외계 행성

지구 또는 화성과 같은 행성은 태양 주위를 돌아요. 그런데 태양계 밖에 있는 다른 별의 주위를 도는 행성도 있어요. 우리는 이러한 행성을 외계 행성이라고 불러요. 현재까지 인류가 발견한 외계 행성은 약 5,000여 개가 넘어요. 외계 행성 중 어떤 것은 목성처럼 거대한 가스 행성이에요. 또한 지구보다 작은 암석 행성이기도 해요.

외계 행성과 별을 그린 화가의 그림이에요.

외계 행성을 발견하는 것은 매우 어려워요. 천문학자들은 외계 행성을 찾기 위해 행성 대신 별의 밝기 변화를 관측하는 통과 측광법을 이용하죠. 행성은 별을 중심으로 공전해요. 이때 별을 관측하면, 행성이 별 앞을 지나면서 별의 밝기를 어둡게 하는 현상이 주기적으로 나타나요. 이러한 별의 밝기 변화를 포착해 또 다른 행성의 존재를 알아내는 거예요.

현재까지 발견된 외계 행성에서 생명체의 존재는 확인되지 않았어요. 나사와 전 세계 과학자들은 생명체가 존재할 가능성이 있는 행성을 찾기 위해 노력하고 있어요.

1995년, 인류가 최초로 발견한 외계 행성은 페가수스자리 51 b예요.

3장
태양계

우리는 태양계에 살고 있어요. 태양계는 태양과 태양 주위를 도는 8개의 행성 그리고 다른 물체들로 이루어져 있어요. 어떤 행성에는 산과 화산이 있기도 해요. 또한 지구 크기보다 더 큰 폭풍이 부는 곳도 있답니다. 자, 이제 신비롭고 재밌는 태양계를 같이 탐험해 봐요! 먼저 전체 태양계를 살펴본 다음 가장 큰 천체인 태양에 관해 이야기할게요. 태양계 행성 박사가 될 준비되었나요?

태양계

지구가 속한 태양계는 우리 은하의 나선 팔 부분에 위치해요. 태양계의 중심은 태양이라고 생각하면 돼요. 태양계에서는 8개의 행성과 왜소 행성이 태양 주위를 돌아요. 태양계 행성들은 **지구형 행성**과 **목성형 행성**으로 나누어져요. 지구형 행성은 상대적으로 크기가 작고 밀도가 큰 수성, 금성, 지구, 화성이 속해요. 목성형 행성에는 태양과 먼 목성, 토성, 천왕성, 해왕성이 속해요. 목성형 행성은 수소나 헬륨 등의 가스 형태로 이루어진 행성을 말해요. 이곳은 딱딱한 표면이 없이 가스로만 이루어져 있어서 가스형 행성이라고 부르기도 해요.

위성, 소행성, 혜성은 행성이나 다른 물체 주위를 돌아요. 일부 행성은 많은 위성을 가지고 있지만, 지구는 하나의 위성만 가지고 있어요. 바로 달이에요. 또한 바위가 많은 소행성과 얼음 혜성을 비롯해 태양 주위를 도는 여러 작은 천체들이 있어요.

태양계는 약 46억 년 전에 시작되었다고 추정돼요. 아마 가스와 먼지 구름으로부터 형성되었을 거예요.

> 태양계는 여러분이 상상도 못할 만큼 커요. 만약 여러분이 해왕성에서 태양까지 차를 운전해서 갈 수 있다면, 5,000년 이상 걸릴 거예요!

> 태양계 전체 질량의 99.8퍼센트 이상을 태양이 차지해요. 그래서 태양계의 모든 행성과 위성, 다른 천체의 질량은 태양에 비해 정말 작아요.

만약 지구가 야구공 크기라면, 해왕성은 농구공 크기 정도예요. 목성은 운동회 때 굴리는 대형 공 크기 정도가 될 거예요.

태양계 51

태양

태양은 스스로 빛을 내요. 태양처럼 스스로 빛을 내는 별을 항성이라고 해요. 태양은 정말 뜨겁고 어마어마하게 커요. 태양은 플라스마 상태인 수소와 헬륨으로 이루어져 있어요. 이것은 전기로 충전된 가스와 같은 상태예요. 태양 내부에서는 수소가 헬륨으로 바뀌는 핵융합 반응이 일어나요. 이러한 과정에서 태양은 엄청난 빛과 열에너지를 방출해요.

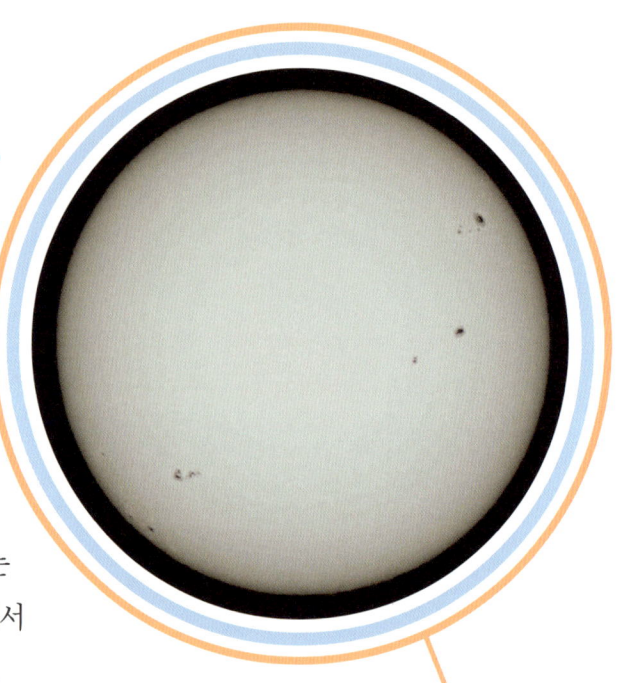

태양 필터를 장착하고 촬영한 태양 사진. 사진에 보이는 어두운 반점은 태양 흑점이에요.

태양은 무슨 색깔일까요?
노란색? 주황색?
사실 태양은 흰색이에요.
지구의 대기가 태양을 노란색, 주황색, 빨간색으로 보이게 하는 거죠.

태양이 얼마나 큰지 궁금한가요? 태양은 백만 개가 넘는 지구가 전부 들어갈 만큼 커요!

태양은 지구에서 달까지의 거리보다 더 커요.

태양은 지구상에 있는 모든 생명체가 필요로 하는 에너지를 제공해요. 태양에서 나오는 빛은 식물이 자라는 데 꼭 필요해요. 동물은 태양 빛을 받고 잘 자란 식물을 섭취해서 에너지를 얻죠.

⚠️ 경고: 절대 맨눈으로 태양을 보지 마세요! 적절한 보호 장비나 도구 없이 태양을 보면 여러분의 눈에 상처를 줄 수 있어요. 심한 경우 실명될 위험이 있어요.

지구의 크기를 태양과 비교하는 것은 쥐와 코끼리를 비교하는 것과 같아요.

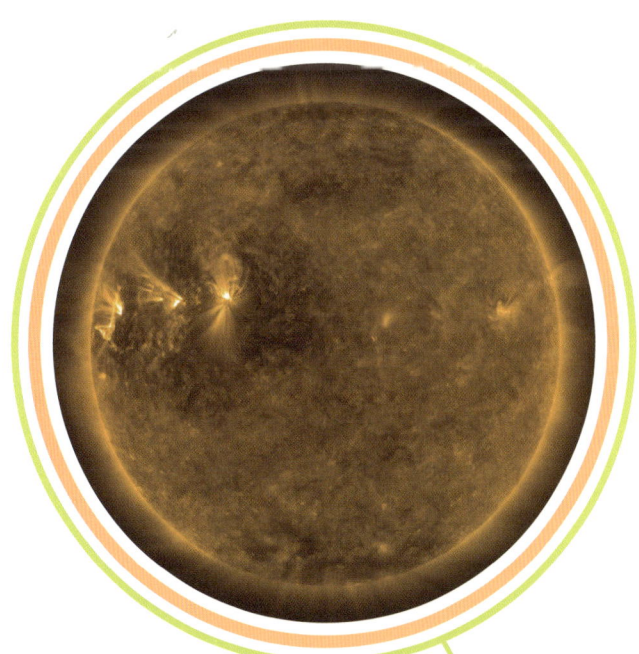

자외선으로 촬영한 태양의 모습.

태양이 가장 좋아하는 날은?
일요일(Sunday)!

태양계

수성

수성은 태양과 가장 가까운 행성이자 태양계에서 가장 작은 행성이에요. 수성에는 바위가 많고 대기는 거의 없어요. 수성 표면은 울퉁불퉁한 분화구로 뒤덮여 있어요. 분화구는 소행성과 우주에 떠도는 우주 암석이 빠른 속도로 땅에 충돌해서 만들어진 거예요. 분화구가 많다는 것은 행성이 오래되었다는 증거이기도 해요.

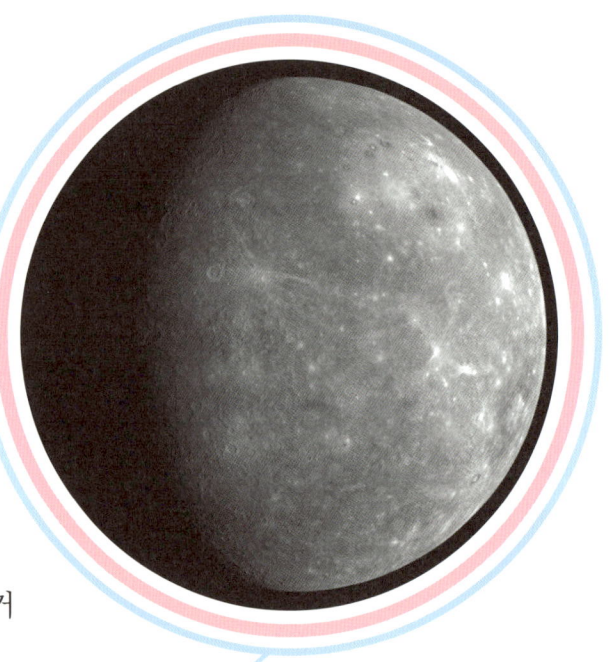

우주선에서 찍은 수성의 모습.

과학자들은 수성 북극에 있는 분화구 속에서 얼음을 발견했어요. 수성은 태양과 가장 가까운 행성인데 어떻게 얼음이 생긴 걸까요? 수성은 태양과 가까이 있지만 회전축이 태양과 평행 선상에 있어요. 그래서 수성의 북극은 햇빛이 닿지 않아요. 또한 주변으로 열을 퍼트릴 대기도 없기 때문에 얼음이 생길 수 있는 거예요.

수성은 가장 바쁜 행성이에요. 초속 48킬로미터에 이르는 빠른 속도로 태양 주위를 돌 때도 있어요.

수성의 자전축은 공전하는 면과 수직을 이루고 있어요. 그래서 수성은 계절 변화가 나타나지 않아요. 또한 열을 퍼뜨릴 대기가 없기 때문에 낮과 밤의 기온 차가 아주 심해요. 수성의 낮 기온은 약 400도에 달하지만 밤에는 냉동실보다 더 추워요.

만약 여러분이 수성에 있다면, 태양은 지구에서 보는 것보다 세 배 더 크게 보일 거예요.

수성에 있는 산들의 이름은 '뜨거운'이라는 의미를 가진 다양한 언어로 지어졌어요.

수성은 위성을 가지고 있지 않아요.

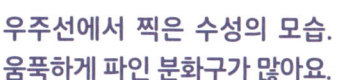

우주선에서 찍은 수성의 모습. 움푹하게 파인 분화구가 많아요.

태양계　55

금성

'불지옥'이라 불리는 위험한 행성은 무엇일까요? 바로 금성이에요! 금성은 태양계의 두 번째 행성이며 눈부시게 빛난다고 하여 영어로는 비너스(Venus)라고 해요. 금성 표면은 섭씨 약 500도에 가까운 뜨거운 온도로 펄펄 끓고 있어요. 그리고 황산 산성비를 내뿜는 두꺼운 구름으로 덮여 있죠. 금성은 대부분의 행성들과 반대 방향으로 자전해요. 그래서 서쪽에서 해가 뜬답니다! 금성의 대기는 지구보다 훨씬 두꺼워요. 대기의 대부분은 이산화탄소로 이루어져 있기 때문에 금성 표면의 열이 대기 밖으로 빠져나가지 못해요. 이러한 **온실 효과**로 인해 금성 표면은 밤낮으로 뜨거운 거예요. 최근 들어 금성의 온도가 급변하고 대기도 요동치고 있어요. 과학자들은 지구의 미래가 금성이 될 수도 있다고 우려해요.

우주선에서 찍은 금성의 모습.

금성은 크기와 질량이 지구와 비슷해 지구의 쌍둥이로 불린답니다.

금성의 대기는 대부분 이산화탄소로 이루어져 있어요. 이산화탄소는 탄산음료의 거품을 만드는 재료예요.

금성은 행성 전체가 두꺼운 구름으로 덮여 있어요. 그래서 일반 카메라를 사용해 금성 표면을 관찰하기는 어려워요. 천문학자들은 구름을 투시해서 그 속에 숨어 있는 지형을 파악하는 레이더 관측 기술을 사용해요. 레이더 관측을 통해 금성 표면에도 많은 분화구가 있다는 것을 알아냈죠. 수성과 마찬가지로 금성도 위성을 가지고 있지 않아요. 여러분은 밤하늘에서 금성을 뚜렷하게 볼 수 있어요. 금성은 밤하늘에서 가장 밝게 빛나거든요.

금성은 대기 중에 가스가 너무 많아서 마치 바다 밑에 있는 것과 같아요. 금성에는 물이 없고 가스만 있어요. 금성 표면의 압력은 지구 표면 압력의 90배 수준이에요. 이것은 지구 바다의 수심 1킬로미터 깊이 압력과 비슷해요. 깊은 바닷속에서 엄청난 수압을 견디는 잠수함도 금성 표면에 가면 바로 가루가 될 거에요.

금성의 레이더 이미지.

금성 표면의 온도는 가정용 오븐의 최고 가열 온도보다 훨씬 더 높아요. 금성은 섭씨로 약 500도, 화씨로는 900도에 이르는 고온의 극한 환경이에요.

지구

지구는 우리가 살고 있는 행성이에요. 지구는 태양계의 세 번째 행성으로 지구형 행성 중 가장 커요. 지구는 정말 특별해요. 태양계에서 생물이 살 수 있는 유일한 행성이거든요. 때때로 지구를 '골디락스 행성'이라고도 불러요. 골디락스 행성은 별과의 거리가 적절해서 생명체가 살 가능성이 있는 행성을 지칭해요. 금성은 생명체가 살기에 척박한 대기로 둘러싸여 있고, 화성은 대기가 너무 희박해요. 하지만 지구는 태양으로부터 적당한 거리에 떨어져 있고, 생명체가 살기에 온도가 딱 알맞죠. 대기층도 적당하답니다. 현재 천문학자들은 수천 개의 외계 행성 중 지구와 비슷한 골디락스 행성이 있는지 조사하고 있어요.

우주선에서 찍은 지구의 모습. 아메리카 대륙, 바다, 구름이 보여요.

지구의 대기는 질소와 산소로 이루어져 있어요. 우리는 산소를 얻기 위해 호흡을 해요. 산소는 주로 식물과 조류의 광합성에 의해 만들어져요.

적당한 온도와 대기 덕분에 지구에는 유일하게 액체 상태의 물이 존재해요. 또한 지구는 위성이 하나 있어요. 바로 달이에요!

바다는 지구의 70퍼센트 이상을 차지해요. 바다는 우리 삶의 필수 요소이자 생명의 원천이에요.

우주에서 지구를 보면 푸른색의 바다, 녹색의 산, 갈색의 흙, 흰색의 구름이 조화를 이룬 모습을 볼 수 있어요.

빛은 우주에서 가장 빨라요. 하지만 지구는 태양으로부터 멀리 떨어져 있기 때문에, 태양 빛이 지구에 도달하려면 8분 이상 걸려요.

달

달은 지구의 하나뿐인 친구라고 할 수 있어요. 달은 지구와 함께 태양 주위를 돌고 지구 주위도 돌아요. 크기는 지구보다 훨씬 작지만 태양계에서 매우 큰 위성 중 하나예요. 달은 바위가 많고 대기는 거의 없어요. 물론 생명체도 살지 않아요. 달은 지구와 가까이 있기 때문에 우리 눈에 확실한 형태로 보여요. 그래서 여러분은 낮과 밤에 달을 볼 수 있는 거예요.

달에도 움푹하게 파인 분화구들이 있어요. 분화구는 소행성과 우주에 떠도는 우주 암석

보름달 사진.

1971년, 달에 착륙한 아폴로 15호의 우주 비행사 데이비드 스콧.

달의 궤도는 매년 조금씩 지구로부터 멀어지고 있어요. 평균적으로 1년에 3.8센티미터 정도예요. 이것은 여러분의 손톱이 자라나는 속도와 거의 같은 속도랍니다.

지구와 달 사이의 거리는 지구 30개가 들어갈 정도로 멀어요.

이 빠른 속도로 땅에 충돌해서 만들어진 거예요. 우리가 항상 보는 달의 밝은 면을 '니어 사이드(Near Side)'라고 해요. 우리가 니어 사이드만 볼 수 있는 것은 달의 자전 주기와 공전 주기가 같기 때문이에요.

지금까지 인류는 무인 우주선, 궤도 선회 우주선, 착륙선 등으로 다양한 달 탐사 임무를 수행했어요. 2022년, 우리나라는 최초의 달 탐사선 '다누리'를 발사했어요.

사람들은 달의 어두운 부분이 바다라고 생각했어요. 그런데 실제로 그것은 바위였어요.

달은 지구 외에 인류가 발을 디딘 유일한 장소예요. 1969년부터 1972년까지 12명의 우주 비행사가 달 위를 걸었어요.

우주선에서 찍은 달 표면 사진. 울퉁불퉁한 분화구가 정말 많아요.

달에서 소는 어떻게 울까요?
무우우~운! 🙂

태양계 61

화성

이 사진은 미국의 화성 탐사선 바이킹이 촬영한 화성 사진 중 구름이 없는 1,000장의 사진을 합쳐 만든 거예요.

화성은 지구와 가장 가깝게 이웃한 작은 암석 행성이에요. 태양계의 네 번째 행성인 화성은 평균 기온이 영하 63도로 매우 추운 곳이에요. 화성은 붉은 행성으로 잘 알려져 있어요. 산화철이 풍부한 바위와 흙으로 덮여 있어 붉은빛을 띠고 있기 때문이에요. 또한 화성에는 산, 협곡, 모래 언덕, 평원, 분화구 등이 있어요. 화성 대기의 95퍼센트는 이산화탄소로 덮여 있어요. 그래서 대기가 매우 희박하고 기온이 낮아요. 밤하늘에서 화성을 관측하고 싶다면, 화성이 가장 밝게 빛나는 10월이 좋아요. 이때 화성은 붉은색이나 오렌지색의 별처럼 보여요.

지금도 많은 무인 우주선과 탐사 로버(탐사차)가 화성을 탐사해요. 일부는 화성 주변을 돌고 심지어 표면 위를 운전하기도 해요!

화성에는 태양계에서 가장 길고 깊은 협곡이 있어요. 바로 마리너 협곡이에요. 이 협곡은 미국 그랜드 캐니언의 10배 크기예요.

화성의 지형은 남반구와 북반구로 나누어져요. 남반구는 움푹 파인 땅이나 분화구가 많고, 북반구는 용암에 의해 평평해진 평원이 많아요.

화성에는 태양계에서 가장 큰 화산이 있어요. 바로 올림푸스 몬스예요. 이 화산의 높이는 무려 22~26킬로미터예요. 지구에서 가장 높은 에베레스트 산의 두 배 이상이죠.

화성의 모래 언덕을 탐사하는 화성 탐사 로버 큐리오시티. 큐리오시티가 셀카를 찍고 있어요!

인류는 화성 탐사를 통해 화성 극지방에 얼음이 존재한다는 것을 확인했어요. 또한 화성 극지방은 이산화탄소가 동결된 초저온의 드라이아이스로 덮여 있어요.

큐리오시티는 화성에서 고대 호수의 흔적을 발견했어요. 먼 과거에 있었던 물이 암석 표면에 남긴 물결을 찾아냈죠. 😊

태양계 63

소행성

소행성은 행성처럼 태양 주위를 돌지만 비교적 크기가 작은 천체를 말해요. 행성이 되지 못하고 우주를 떠도는 소행성은 암석과 금속으로 구성돼요. 화성과 목성의 궤도 사이에는 헤아릴 수 없이 많은 소행성이 모여 있어요. 이곳을 **소행성대**라고 해요. 특히 세레스(Ceres)는 소행성 중에서도 가장 크고 무거워요. 세레스를 포함한 소행성 대부분은 소행성대에 있지만, 일부 소행성은 태양에 더 가까이 있기도 해요. 여러분은 소행성대에 수많은 소행성들이 빽빽하게 밀집해 있다고 생각할 수도 있어요. 하지만 소행성대에 있는 소행성들 사이의 거리는 평균적으로 수만 킬로미터 떨어져 있어요. 소행성대는 비어 있는 공간이 많답니다.

탐사선이 찍은 소행성 베누(Bennu)의 모습. 베누는 축구장 5배의 크기예요.

소행성이 지구에 떨어져 발견되는 것을 '운석'이라고 해요. 과학자들은 운석을 연구해 소행성의 성분을 알아내요.

나사의 소행성 탐사선 던(Dawn)은 가장 큰 소행성인 세레스와 두 번째로 큰 소행성 베스타(Vesta)의 궤도를 돌았어요.

세레스는 소행성대 전체 질량의 3분의 1을 차지해요.

세레스는 지름이 약 940킬로미터로 한반도 크기만 해요. 소행성 중 가장 크지만 지구와 지구의 위성인 달과 비교하면 훨씬 작아요.

만약 모든 소행성을 하나로 뭉친다 해도 여전히 달보다 작을 거예요!

나사의 소행성 탐사선 던이 촬영한 소행성 베스타의 사진. 베스타의 너비는 500킬로미터가 넘어요.

목성

목성은 태양계에서 가장 거대한 행성이에요. 또한 목성형 행성이라고 불리는 네 개의 행성 중 하나죠. 목성의 대기는 수소, 헬륨, 약간의 암모니아와 메탄으로 이루어져 있어요. 또한 대부분 가스로 이루어져 있기 때문에 단단한 표면이 없어요. 목성은 큰 덩치와는 다르게 행성 중 자전 주기가 제일 빨라요. 빠른 자전은 대기를 활발하게 움직이게 해요. 그래서 목성의 구름 색은 정말 다양해요. 목성 표면에는 마치 물감으로 그린 듯 밝고 어두운 줄무늬가 번갈아 나타나요. 특히 목성 표면에서 생기는 현상으로 가장 눈에 띄는 것은 **대적반**(Great Red Spot)이에요. 대적반은 지구보다 거대한 소용돌이 폭풍이에요. 목성은 밤하늘에서 맨눈으로도 관측할 수 있으며 정말 밝게 빛나요.

허블 우주 망원경이 찍은 목성의 모습.

목성은 태양계에서 가장 빠르게 자전하는 행성이에요. 한 번 자전하는 데 약 10시간이 걸려요.

천문학자들은 목성의 위성인 유로파의 얼음 층 아래에 바다가 있을 것으로 추측해요. 이 바닷물의 양은 지구 바다의 2배에 이를 것으로 짐작한답니다.

목성이 농구공 크기라면 지구는 탁구공 정도가 될 거예요.

목성은 현재 79개의 위성을 가지고 있어요. 1610년, 갈릴레오 갈릴레이가 목성 주변의 위성 4개를 발견한 이후로 계속해서 많은 위성이 관측되고 있죠. 갈릴레이가 찾은 4개의 위성을 '갈릴레이 위성(Galilean satellites)'이라고 해요. 목성에 가까운 순서대로 이오, 유로파, 가니메데, 칼리스토가 있어요. 이오는 태양계의 그 어떤 곳보다 화산 활동이 활발하게 일어나요. 유로파는 얼음 지각 아래에 바다가 있을 것으로 추측되죠. 가니메데는 갈릴레이 위성 중 가장 큰 위성으로 수성보다 더 커요. 칼리스토는 표면이 무수한 분화구로 덮여 있어요.

목성과 목성의 위성은 온도가 매우 낮아요. 태양으로부터 멀리 떨어져 있기 때문이죠. 태양에서 멀어질수록 점점 더 온도는 낮아져요. 그래서 목성과 목성의 위성 표면에는 거대한 얼음이 존재해요.

> 목성의 질량은 정말 커요. 태양계의 나머지 일곱 행성을 합쳐도 목성 질량의 절반도 미치지 못해요.

> 대적반은 지구 크기의 1.3배이며 약 300년 이상 존재해 왔어요.

> 이오는 피자 위성이라는 별명을 가지고 있어요. 화산 활동이 활발하기 때문에 표면이 마치 치즈가 터진 것처럼 보이죠!

이오의 표면은 붉은색을 띠고 분화구는 거의 없어요.

갈릴레이는 굴절 망원경을 발명했어요. 갈릴레이식 망원경이라 불리는 이 망원경은 볼록렌즈와 오목렌즈 간격을 조절해 멀리 있는 사물을 크게 볼 수 있죠. 갈릴레이는 망원경으로 목성 주변의 위성 4개를 발견했고, 달 표면의 굴곡을 그리기도 했어요! 또한 토성의 고리도 최초로 관측했어요. 그리고 은하수는 무수히 많은 별의 집단이라는 것을 알아냈죠. 정말 대단하죠! 🙂

태양계 67

토성

토성은 태양계의 여섯 번째 행성으로 목성 다음으로 커요. 토성은 딱딱한 표면 없이 가스로 이루어진 행성이라서 아마 여러분이 토성에 가면 서 있을 곳이 없을 거예요. 토성은 칠흑 같은 우주 공간 속에서 햇빛을 받으면 영롱한 금빛으로 빛나요. 여러분은 토성을 생각하면 제일 먼저 무엇이 떠오르나요? 아마 신비하고 아름다운 고리일 거예요. 이 고리 덕분에 토성은 '태양계의 보석'이라는 별명이 생겼죠. 토성의 고리는 얼음을 포함한 여러 가지 성분의 입자들로 이루어져 있어요. 먼지만큼 작거나 집채만큼 거대한 크기의 입자들이 골고루 섞여 있어요.

우주선에서 찍은 토성의 모습.

토성에는 지구가 무려 764개나 들어갈 수 있어요.

만약 여러분이 토성의 고리 주위를 운전한다면 어떤 일이 벌어질까요? 토성의 고리 바깥을 도는 데만 약 1년이 걸릴 거예요.

토성이 가장 좋아하는 영화는 무엇일까요?
반지의 제왕(The Lord Of The Ring)
• ring: 반지, 고리

현재까지 발견된 토성의 위성은 약 82개예요. 천문학자들은 계속해서 토성 주변의 위성을 조사하고 있어요. 토성은 태양계에서 두 번째로 큰 위성인 타이탄을 가지고 있어요. 타이탄은 두꺼운 대기를 가진 유일한 위성이에요. 지구처럼 대기층을 가지고 있어서 바람도 불고 비도 내리는 아주 신비한 곳이랍니다.

토성의 위성들은 대부분 얼음 덩어리로 이루어져 있어요. 그중 하나가 엔켈라두스예요. 엔켈라두스에는 얼음 알갱이를 뿜어내는 간헐천이 있어요!

타이탄에는 호수와 바다가 있어요. 하지만 물이 아닌 천연가스의 주성분인 메탄과 에탄으로 이루어져 있어요.

타이탄은 태양계에서 두 번째로 큰 위성이에요. 수성보다 더 커요.

토성은 지구와 달 사이의 상당 부분을 채울 만큼 커요.

목성, 천왕성, 해왕성도 고리를 가지고 있지만 토성의 고리처럼 뚜렷하지는 않아요.

우주선에서 찍은 토성 고리의 일부분.

천왕성

천왕성은 태양계의 일곱 번째 행성이에요. 천왕성은 거대 얼음 행성으로 목성이나 토성에 비하면 훨씬 작지만 지구보다는 훨씬 커요. 천왕성의 대기는 목성과 토성처럼 대부분 수소와 헬륨으로 이루어져 있지만 메탄을 포함해요. 메탄은 붉은빛을 흡수하고 푸른빛을 반사해 천왕성을 영롱한 에메랄드색으로 빛나게 해요. 천왕성은 태양으로부터 거리가 멀고, 대기 아래 깊숙한 곳에는 얼어붙은 물, 메탄, 암모니아가 있어요.

우주선에서 찍은 천왕성의 모습.

현재까지 천왕성을 탐사한 우주선은 단 한 대예요. 1986년, 보이저 2호가 천왕성을 근접 비행했어요.

천왕성은 목성과 토성에 비하면 크기가 훨씬 작지만 지구보다는 커요. 천왕성 안에 지구 63개를 다 넣을 수 있어요.

천왕성이 태양 주위를 한 바퀴 도는 데 걸리는 시간은 약 84년이에요. 이런 이유로 천왕성의 양쪽 극지방은 42년 동안 낮이었다가, 다음 42년 동안 밤이 돼요. 천왕성은 태양계의 행성들 중 유일하게 옆으로 기울어진 채 자전을 해요. 다시 말해 궤도면에 거의 누운 자세로 태양을 공전하는 거예요! 또한 13개의 고리와 27개의 위성을 가지고 있어요. 천왕성의 고리는 밝기가 매우 어둡기 때문에 쉽게 찾을 수 없어요. 우주 망원경으로만 관측할 수 있답니다.

지구에서 천왕성까지 가는 데 얼마나 걸릴까요? 자동차를 타고 가면 약 3,000년이 걸리고, 비행기를 타고 가면 355년이 걸려요. 지구에서 출발한 보이저 2호는 9년 반 만에 천왕성에 도달했어요.

천왕성은 영국의 천문학자 윌리엄 허셜이 최초로 발견했어요. 허셜은 당시 영국 국왕이었던 조지 3세의 이름을 따서 천왕성을 '조지 별'로 불렀죠. 하지만 행성의 이름은 그리스 로마 신화에 따라 짓는 것이 관례였기 때문에 지금의 천왕성으로 불리게 된 거예요.

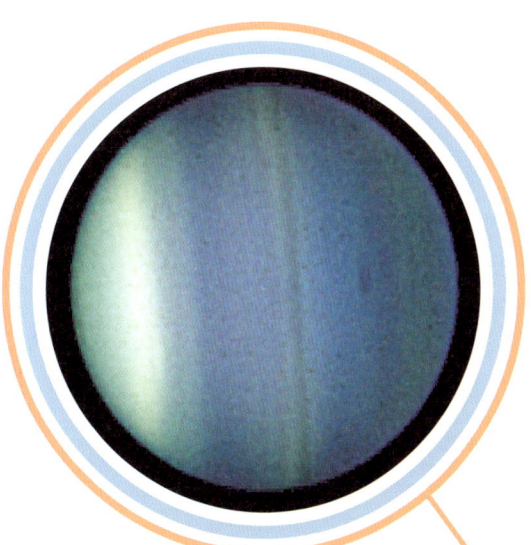

2006년, 허블 우주 망원경이 찍은 천왕성의 모습.

태양계 71

해왕성

해왕성은 태양계 행성 중 태양에서 가장 멀리 떨어진 행성이에요. 해왕성은 얼음 행성으로 알려져 있으며, 대기가 매우 두꺼워요. 해왕성은 천왕성과 크기부터 질량, 대기 구성까지 여러 면에서 비슷해요. 하지만 해왕성은 녹색을 띤 짙은 파란색이고 천왕성은 하늘색에 가까워요. 왜 해왕성과 천왕성의 색깔은 비슷하면서도 다른 걸까요? 천문학자들은 대기에 있는 메탄으로 인해 두 행성이 똑같이 푸른색을 띠지만, 대기에 형성된 연무 층의 두께가 달라 색조에 차이가 나타난다고 설명해요. 해왕성의 대기 아래 깊은 곳에는 얼어붙은 물, 메탄, 암모니아가 있어요.

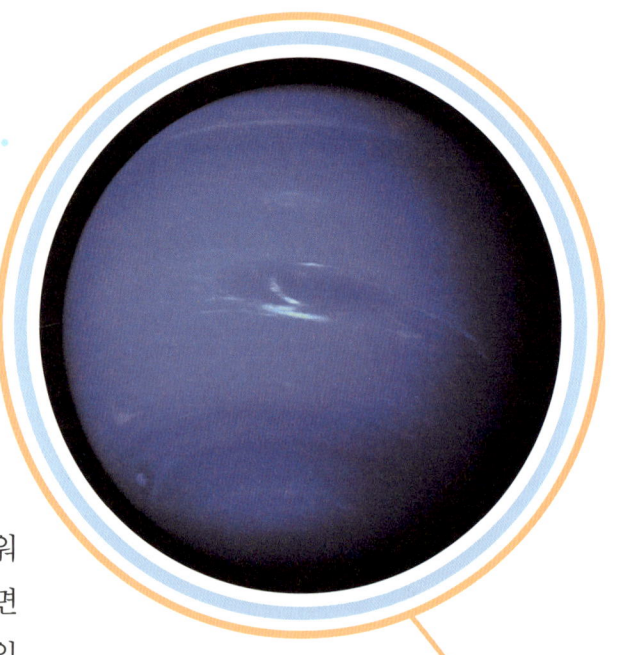

1989년, 보이저 2호가 찍은 해왕성의 대흑점. 대흑점은 해왕성 표면에서 일어나는 폭풍으로 몇 년 주기로 생성과 소멸을 반복해요.

현재까지 해왕성을 탐사한 우주선은 한 대예요. 1989년, 보이저 2호가 해왕성을 근접 비행했어요.

해왕성이 태양 주위를 한 바퀴 도는 데 걸리는 시간은 약 165년이에요. 해왕성은 총 14개의 위성을 가지고 있는데, 이 중 가장 큰 위성은 트리톤이에요. 트리톤은 정말 특별한 위성이에요. 다른 위성과는 다르게 해왕성이 자전하는 반대 방향으로 회전을 하고, 대기가 있거든요.

해왕성은 태양계 행성 중 유일하게 지구에서 맨눈으로 볼 수 없는 행성이에요. 망원경으로만 관측이 가능하답니다.

해왕성은 지구보다 약 30배 정도 태양과 멀리 떨어져 있어요. 그래서 해왕성의 표면 온도는 매우 낮아요.

해왕성은 태양계에서 바람이 가장 빠르게 부는 곳이에요. 최대 풍속이 초당 600미터에 달해요.

해왕성의 14번째 위성인 '히포 캄프'는 현재 발견된 위성 중 크기가 가장 작아요. 히포 캄프는 해왕성 주변을 23시간에 한 번씩 돌아요.

왜소 행성

왜소 행성은 행성 같아 보이지만 행성보다 작은 태양계의 천체예요. 왜소 행성은 태양을 중심으로 공전하며, 질량이 충분해서 둥근 형태를 유지할 수 있는 중력이 있어요. 왜소 행성은 행성과 어떻게 다를까요? 행성은 중력이 아주 강해서 주변 궤도에 있는 다른 천체를 흡수할 수 있어요. 하지만 왜소 행성은 주변 궤도에 있는 다른 천체를 말끔히 흡수하지는 못해요.

세레스는 태양계에서 최초로 발견된 왜소 행성이에요. 다른 소행성들과 마찬가지로 도넛 모양의 타원형 궤도를 따라 태양 주위를 돌아요. 그리고 소행성대에 있는 유일한 왜소 행성이에요. 명왕성, 에리스, 마케마케, 하우메아라고 불리는 다른 왜소 행성들은 해왕성 너머에 있어요.

사실 명왕성은 태양계의 아홉 번째 행성이었어요. 하지만 천문학자들은 명왕성이 행성의 기본 조건을 충분히 갖추지 못했다는 사실을 알게 되었죠. 행성이라면 주변에 있는 위성들 사이에서 지배적인 역할을 해야 하는데, 명왕성은 그러한 힘이 없었거든요. 또한 명왕성과 비슷한 크기를 가진 왜소 행성 에

우주선에서 찍은 명왕성의 모습.

2015년, 나사는 세레스와 명왕성을 탐사하기 위해 탐사선을 발사했어요. 던 탐사선은 세레스 주위 궤도에 진입하는 것을 성공했죠. 또한 뉴호라이즌스호는 명왕성과 명왕성의 위성을 근접 비행했어요.

우주선에서 찍은 왜소 행성 세레스의 모습.

리스가 발견되면서 명왕성의 행성 자격을 두고 논쟁이 펼쳐졌어요. 결국 명왕성은 행성 자격을 잃게 되었죠. 천문학자들은 세레스, 명왕성, 에리스, 마케마케, 하우메아를 개별적인 행성이라고 칭하는 대신 왜소 행성이라는 새로운 이름을 붙였어요.

천문학자들은 계속해서 왜소 행성으로 추정되는 여러 천체를 발견하고 있어요. 하지만 너무 멀리 있어서 그것들이 왜소 행성의 조건을 갖추었는지는 정확히 알 수 없어요. 우주에는 아직 왜소 행성이라고 정의 내리지 않은 수많은 행성이 있답니다.

일부 왜소 행성은 위성이 있어요. 명왕성은 위성이 5개나 있는데, 그중에서 카론이 제일 큰 위성이에요.

> 1801년, 이탈리아의 천문학자 주세페 피아치가 세레스를 발견했어요. 세레스는 소행성으로 불리기 전까지 행성으로 불렸어요. 세레스는 다른 왜소 행성들보다 크기가 작아요.

> 명왕성이 태양을 한 바퀴 도는 데 걸리는 시간은 248년이에요. 이것을 명왕성의 1년이라고 해요. 248년 전 지구에는 무슨 일이 일어났을까요? 이때 미국은 영국의 식민지 시대를 보냈어요. 우리나라는 조선 시대였고 정조가 즉위했죠.

행성 과학자가 가장 좋아하는 디즈니 캐릭터는 누구일까요?
미키 마우스의 강아지 플루토 😊
• pluto: 명왕성

> 태양계에는 달을 포함해 명왕성보다 큰 위성이 7개나 있어요.

해왕성 너머

해왕성 너머 어둠 속에는 여전히 태양 주위를 도는 천체들이 있어요. 여기에는 명왕성, 에리스, 마케마케, 하우메아와 그들의 위성이 포함되어 있죠. 아직 발견하지 못했지만, 우주에는 셀 수 없이 많은 천체가 있는 곳도 있을 거예요. 우리는 지금까지 2,000개가 넘는 외계 행성을 발견했어요. 해왕성 너머는 온도가 매우 낮아요. 햇빛을 거의 받지 못하기 때문이죠. 그래서 해왕성 너머에 있는 물체는 대부분 암석과 얼음으로 이루어져 있어요. 해왕성 너머 이러한 천체가 모여 있는 곳을 **카이퍼대**(Kuiper belt)라고 해요. 여러분이 잘 알고 있는 혜성도 여기에서 만들어져요! 혜성에 대해서는 다음 장에서 자세히 이야기할게요.

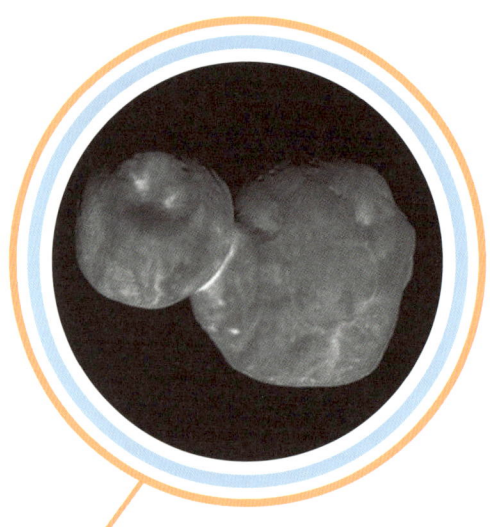

2014년, 뉴호라이즌스호가 촬영한 울티마 툴레(Ultima Thule)의 모습. 공식 명칭은 2014 MU69예요.

뉴호라이즌스호는 해왕성 너머 태양계 천체의 끝인 울티마 툴레를 근접 비행한 유일한 우주선이에요. 울티마 툴레는 지구와 약 65억 킬로미터 정도 떨어져 있으며 태양계에서 가장 멀리 있어요.

2003년, 해왕성 궤도 너머에서 세드나(Sedna)라는 왜소 행성이 발견되었어요. 세드나는 태양으로부터 너무 멀리 있어서 태양 주위를 도는 데 11,000년 이상 걸려요.

알고 있나요?

카이퍼대 바깥에서 궤도를 돌며, 해왕성 주변까지 접근하는 소천체들도 있어요. 이 천체들을 해왕성 바깥 천체(TNO, Trans-Neptunian Objects)라고 해요.

4장
혜성, 유성, 오로라

우주에 있는 모든 것은 움직이고 있어요. 때때로 우주 천체가 움직일 때 우리는 하늘에서 멋진 우주쇼를 볼 수 있죠. 이번 장에서는 혜성, 유성, 월식 등 아름답고 신비한 천문 현상에 대해 이야기할 거예요. 매력적인 우주에 관해 더 자세히 알아봐요. 천문 현상을 관측하는 때와 장소를 알고 싶다면 111쪽의 '더 알아보기'를 확인하세요!

혜성

혜성은 질량이 큰 태양을 초점으로 타원형 또는 포물선 궤도로 도는 작은 천체예요. 우리말로는 '살별'이라고 한답니다. 혜성은 얼음, 먼지, 작은 바위 등으로 이루어져 있어요. 혜성은 한 도시만큼 거대할 수도 있어요. 그렇다면 혜성은 어디에서 태어났을까요? 첫 번째는 **오르트 구름**이에요! 오르트 구름은 태양계를 둘러싸고 있다고 생각되는 가상의 천체 집단으로 장주기 혜성이 태어나는 곳이에요. 장주기 혜성은 태양을 한 바퀴 도는 주기가 200년 이상인 혜성을 말해요. 혜성이 태어나는 두 번째 장소는 **카이퍼대**예요. 카이퍼대는 해왕성 너머에 있는 천체가 둥근 도넛 모양으로 모여 있는 영역이에요. 이 곳에서 단주기 혜성이 태어나죠. 단주기 혜성은 태양을 한 바퀴 도는 주기가 200년 미만인 혜성을 말해요.

대부분의 혜성은 핵을 가지고 있어요. 혜성의 핵을 둘러싼 먼지와 가스 영역을 **코마**라고 해요. 가끔 혜성이 태양과 지구 가까이에 접근할 때, 태양은 혜성의 표면 온도를 높여요. 혜성이 뜨거워지면, 혜성 표면에 있는 얼음이 가스로 변해요. 이때 코마 안에 있던 먼지와 가스는 궤도상에 매우 긴 꼬리 형태

혜성의 꼬리가 보이는 사진.

혜성의 꼬리는 항상 태양을 향한 방향과 반대 방향을 가리키며, 태양과 가까워질수록 더 길고 뚜렷해져요. 혜성 꼬리의 방향을 통해 혜성이 지금 어떤 방향으로 날아가고 있는지도 알 수 있어요.

알고 있나요?

고체에 열을 가했을 때, 액체가 되지 않고 바로 기체로 변하는 현상을 **승화**라고 해요.

로 퍼져나가요. 혜성의 꼬리는 이온 꼬리와 먼지 꼬리가 있어요. 이온 꼬리는 푸른색을 띠고 먼지 꼬리는 흰색을 띤답니다.

어떤 혜성은 태양 주위를 도는 데 100년도 채 걸리지 않아요. 반면에 태양 주위를 도는 데 수백만 년이 걸리는 혜성도 있어요.

대표적인 혜성으로는 '핼리 혜성'이 있어요. 핼리 혜성은 주기 혜성이에요. 약 76년마다 태양과 지구 가까이에 와요. 핼리 혜성이 마지막으로 관측된 연도는 1986년으로 다음 접근 시기는 2061년 여름이 될 것으로 예측해요. 여러분은 그때 몇 살이 되나요?

만화나 영화를 보면 혜성이 밤하늘을 빠르게 가로지르는 장면이 나와요. 하지만 실제로 혜성은 그렇게 빨리 움직이지 않아요. 하룻밤에서 다음날 밤까지 하늘에서 천천히 움직여요.

로제타 탐사선이 촬영한 혜성 67P. 혜성에서 나오는 뿌연 먼지와 가스도 볼 수 있어요.

혜성, 유성, 오로라

유성, 유성우, 운석

여러분은 밤하늘에 보이는 별똥별을 보고 소원을 빌어 본 적 있나요? **유성**은 우리가 잘 알고 있는 별똥별이에요. 이것은 혜성과 소행성에서 떨어져 나오는 티끌, 태양계를 떠도는 먼지, 작은 우주 암석 등이 매우 빠른 속도로 지구의 대기와 충돌해 불타는 현상이죠. 별똥별은 정말 영화나 드라마에 나오는 것처럼 느리게 떨어질까요? 사실 별똥별이 떨어지는 시간은 약 1초에서 2초로 굉장히 순식간이랍니다! 그리고 별똥별들이 마치 비 내리듯 한 번에 떨어지는 것을 **유성우**라고 해요. 유성우의 정체는 혜성이나 소행성의

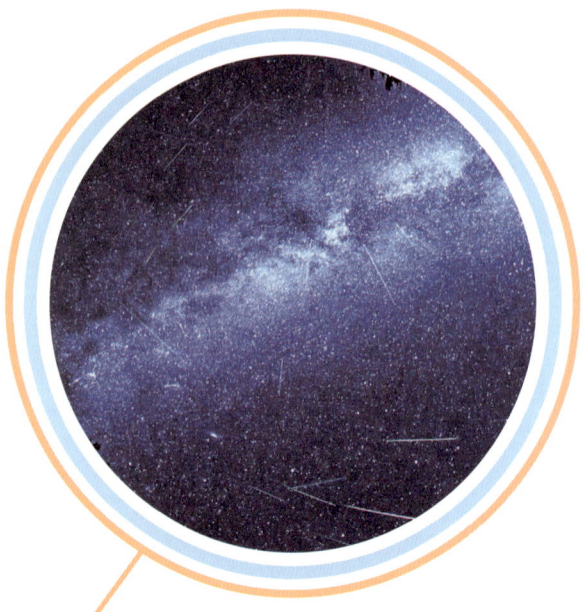

유성우가 내리는 동안 카메라로 촬영한 유성의 사진.

매일 약 100톤에 가까운 양의 우주 먼지가 지구의 대기로 들어온다고 해요.

유성우는 유성이 시작되는 지점의 별자리를 참고해 이름이 지어져요. 제미니드 유성우는 쌍둥이자리 부근의 별자리 이름을 따서 지어졌어요.

잔해물이에요. 또한 유성우는 지구가 공전하면서 생기는 현상이기 때문에 매년 비슷한 시기에 발생해요. 유성우가 쏟아지는 동안 유성을 볼 가능성도 높아요. 오늘날 대표적인 유성우로는 페르세우스자리, 사자자리, 오리온자리, 쌍둥이자리 유성우가 있어요.

유성우를 관측하려면 도심의 불빛이 없는 깜깜하고 맑은 밤하늘이 좋아요. 주위에 높은 건물이나 산이 없는 곳이면 더욱 좋죠. 장시간 하늘을 바라봐야 하니 따뜻한 옷과 돗자리, 망원경 등을 잘 준비하세요. 유성우 관측 정보에 대해 알고 싶다면 111쪽의 '더 알아보기'를 참고하세요.

운석은 대기권을 통과할 때 완전히 타지 못하고 지표면에 떨어진 암석 조각을 말해요. 여러분은 박물관에서 운석을 볼 수 있어요.

여러분은 3대 유성우를 알고 있나요? 바로 1월의 사분의자리 유성우, 8월의 페르세우스자리 유성우, 12월의 쌍둥이자리 유성우예요. 페르세우스자리 유성우는 매년 8월 12일이나 13일경에 절정을 이루고, 쌍둥이자리 유성우는 12월 13일이나 14일경에 환상적인 우주쇼를 보여 줘요. 이때 여러분은 밤하늘에서 시간당 60개에서 100개의 유성을 볼 수 있어요!

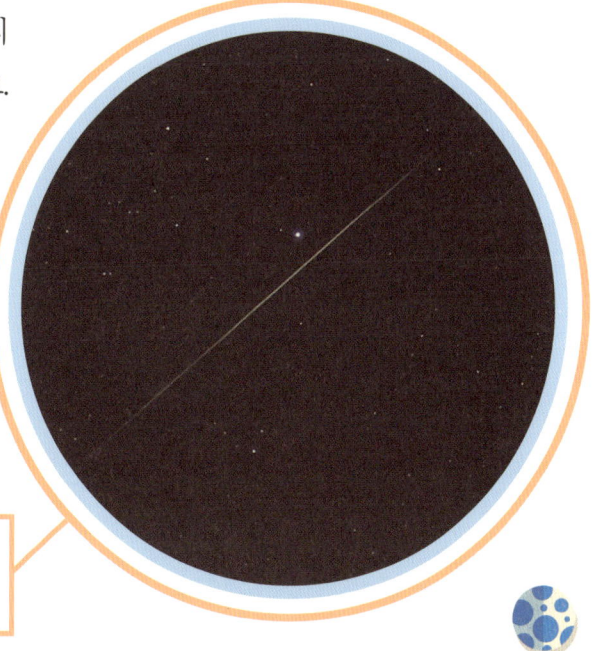

카메라에 포착된 유성. 사진에서 가장 밝은 별은 북극성이에요.

혜성, 유성, 오로라

월식

여러분이 빛 속에 있으면 그림자를 드리우게 되는 것처럼 지구도 그림자가 있어요. 지구 주위를 도는 달은 때때로 지구의 그림자에 가려져요. 이것을 월식이라고 해요. 월식은 태양-지구-달 순서로 놓일 때 일어나는 현상이에요. 다시 말해 보름달일 때 월식이 발생하죠. 보름달의 가장자리부터 지구의 그림자 안으로 들어가면서 오목하게 파이기 시작해요. 그리고 달은 지구 그림자에 통째로 가려졌다가 다시 조금씩 보이면서 둥근 모양을 되찾아요. 달이 지구 그림자 안에 전부 가려졌다가 나올 때 일어나는 월식을 **개기 월식**이라고 해요. 일부만 가려졌다가 나올 때 일어나는 월식을 **부분 월식**이라고 해요.

개기 월식 사진. 빨갛게 물든 보름달을 보세요.

월식은 맨눈으로도 안전하게 관측할 수 있어요. 다음 월식이 언제 발생하는지 알아보려면 111쪽의 '더 알아보기'를 참고하세요.

개기 월식이 일어나면 달은 왜 빨갛게 변할까요? 지구의 대기를 통과하는 태양 빛은 여러 입자에 부딪치며 흩어져요. 이것을 레일리 산란(Rayleigh Scattering)이라고 해요. 이때 푸른빛은 파장이 짧아서 많은 산란을 일으켜요. 반면 붉은빛은 파장이 길어서 달까지 그대로 도달해요. 그래서 월식이 일어날 때, 우리 눈에 들어오는 태양 빛에는 붉은빛이 주로 남게 되어 달을 붉게 물들이는 거죠. 노을이 붉은 것도 같은 이유예요!

월식은 보통 1시간에서 최대 3시간 정도 계속돼요. 이때 지구의 그림자에 달이 점점 가려지는 것을 관측할 수 있죠. 월식은 평균적으로 몇 년에 한 번만 볼 수 있어요.

지구의 그림자

부분 월식 사진. 지구가 둥글기 때문에 지구 그림자의 가장자리도 둥글어요.

달의 궤도

지구의 궤도

태양

혜성, 유성, 오로라 83

일식

일식은 달이 태양을 가릴 때 일어나요. 이것은 태양-달-지구가 완벽하게 일직선이 되면 일어나는 현상이에요. 그런데 태양, 달, 지구는 계속해서 움직이기 때문에 일식 현상은 100년에 몇 번 정도로 아주 드물게 발생해요. 일식의 종류는 세 가지예요. 달이 태양을 완전히 가리는 **개기 일식**, 달이 태양을 부분적으로 가리는 **부분 일식**, 달이 태양의 가운데만 가려 반지 모양으로 보이는 **금환 일식**이 있어요. 월식의 경우 어디에서든 관측할 수 있지만, 일식은 특정한 지역에서만 관측할 수 있어요. 2035년이 되면, 한반도에서도 개기 일식을 볼 수 있어요. 강원도 지역에서 관측 가능하며 바다에서 멀리 나가야 볼 수 있는 정도라고 해요.

개기 일식 사진. 달이 태양을 완전히 가렸어요.

월식과 일식처럼 두 개 이상의 천체가 줄지어 있는 경우를 가리키는 단어가 또 있어요. 바로 삭망(Syzygy)이에요. 삭망은 음력의 초하루와 보름을 뜻하는 말이에요.

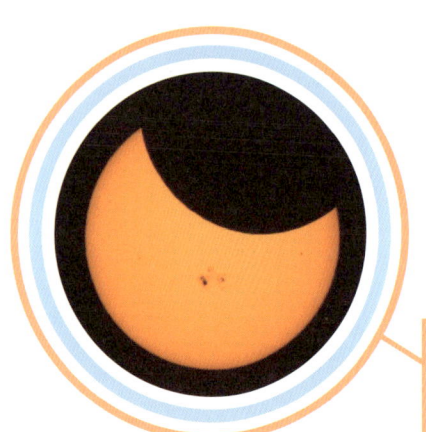

특수 안전 필터를 사용하여 찍은 부분 일식 사진. 달이 부분적으로 태양을 가렸어요.

다음 일식이 언제 발생하는지 알아보려면 111쪽의 '더 알아보기'를 참고하세요.

⚠️ 경고: 일식 현상은 절대 맨눈으로 관측하면 안 돼요. 실명의 위험이 있기 때문에 각별히 주의해야 해요. 태양 필터가 장착된 망원경이나 특수 안경을 활용하는 것이 좋아요. 그럼에도 3분 이상 관측하는 것은 위험해요.

달의 궤도

지구의 궤도

달의 그림자

개기 일식이 일어나는 동안 달은 태양을 약 1분에서 6분 동안 완전히 가려요.

태양

혜성, 유성, 오로라

달의 위상

우리는 달의 전체적인 모습을 볼 때도 있지만 달의 일부분만 볼 때도 있어요. 왜일까요? 달은 스스로 빛을 내지 못해서 태양에 의해 빛을 받는 부분만 밝게 빛나기 때문이에요. 그래서 태양, 지구, 달의 위치에 따라 우리가 보는 달의 모습도 달라지죠. 이렇게 시간에 따라 달의 모양이 다르게 보이는 것을 **달의 위상** 또는 **달의 단계**라고 불러요. 보름달은 달의 모든 면이 태양 빛을 받은 상태예요. 이때 우리는 달의 모든 빛을 볼 수 있어요. 달의 공전 궤도상 위치와 모양 변화를 자세히 알아보려면 오른쪽 그림을 참고하세요.

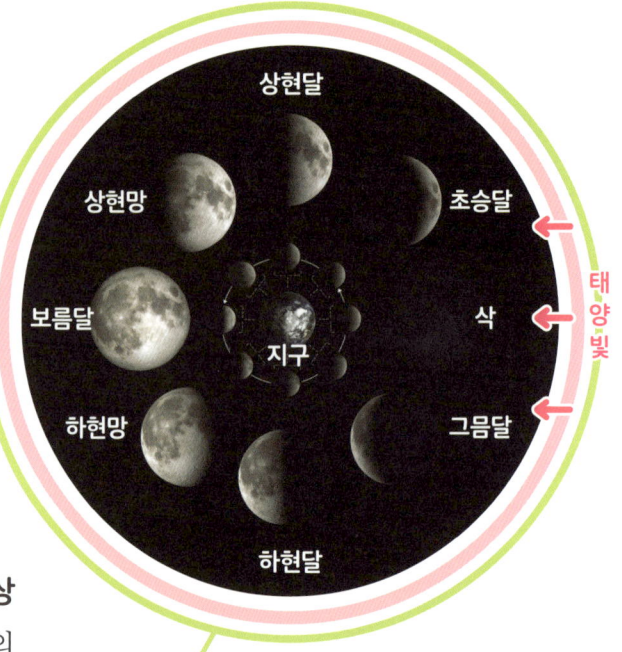

달의 공전 궤도상 위치와 모양 변화.

보름달은 달-지구-태양의 순서로 일직선상에 놓여 있을 때 볼 수 있어요. 보름달의 주기는 약 29.5일이에요.

보름달은 일몰 직후 나타나요.

달의 공전 주기는 평균 한 달 정도예요. 이러한 달의 공전 주기를 기준으로 만든 시간 단위가 달(month)이에요.

86 우주 관찰 백과

오로라

오로라는 밤하늘에서 볼 수 있는 가장 신비하고 아름다운 자연 현상이에요. 천상의 커튼이라고 불리는 오로라는 어떻게 생기는 걸까요? 오로라는 지구 자기장과 태양풍 때문에 생기는 거예요. 태양풍은 태양에서 불어오는 바람이에요. 여기에는 전기를 띤 입자들이 포함되어 있어요. 입자들이 지구 가까이에 접근하면 대부분 지구 자기장 밖으로 흩어져요. 하지만 일부 입자는 남극과 북극에 모여 대기와 충돌해요. 이때 오로라가 생기는 거예요. 오로라는 움직이는 커튼 같기도 하고, 녹색과 빨간색 등 여러 빛깔이 섞인 줄무늬처럼 보이기도 해요. 오로라는 보통 지구의 북극과 남극에서 생기기 때문에 북극광 또는 남극광이라고도 불러요. 북미에서는 알래스카와 캐나다에서만 볼 수 있으며, 태양계 여러 행성의 극지방에서도 볼 수 있답니다.

알래스카에서 찍은 오로라 사진.

북극광은 북반구에서 발생하며 오로라 보레알리스 (aurora borealis) 라고 해요.

남극광은 남반구에서 발생하며 오로라 오스트랄리스 (aurora australis) 라고 해요.

오로라의 색은 태양풍에 있는 입자가 지구 대기에서 어떤 기체와 충돌하는지에 따라 달라져요. 예를 들어, 녹색과 빨간색이 섞인 오로라는 산소에 의해 만들어져요. 분홍색과 노란색이 섞인 오로라는 질소에 의해 만들어지죠.

혜성, 유성, 오로라

행성

우리는 일부 행성을 맨눈으로도 관측할 수 있어요. 수성, 금성, 화성, 목성, 토성은 밤하늘에서 밝은 별처럼 보여요. 태양계 행성들은 줄지어 밤하늘을 장식하는 **행성 정렬**을 해요. 관측 위치에 따라서 4개의 행성은 1년에 한 번 정렬되고, 5개의 행성은 10~20년마다 한 번씩 정렬돼요. 행성은 정말 멀리 떨어져 있지만, 태양 빛을 반사하기 때문에 우리 눈에 빛나는 별처럼 보이는 거예요. 행성은 때때로 아예 보이지 않는 곳에 숨어 있을 때도 있어요. 밤하늘에서 행성을 찾고 싶다면 111쪽의 '더 알아보기'를 참고하세요. 행성을 찾을 수 있는 위치를 알 수 있어요!

목성, 화성, 달의 사진.
왼쪽 구석에 보이는 밝은 점이 목성이에요. 화성은 목성과 달 사이에 있는 희미한 점이에요!

행성이라는 단어는 방랑자를 의미하는 그리스 단어 '플래네토스(planetos)'에서 유래되었어요. 행성들이 하늘을 떠돌아다니는 것처럼 보이기 때문이죠.

금성은 지구에서 관측할 수 있는 천체 중에 세 번째로 밝은 행성이에요. 목성이 그다음으로 밝아요. 금성과 목성은 밤하늘에서 가장 밝은 별인 시리우스보다 두 배 더 밝아요.

지구와 화성 사이의 거리는 가까워졌다 멀어지기를 반복해요. 이것은 지구와 화성이 서로 다른 주기로 태양 주위를 돌기 때문이에요. 지구와 화성이 태양을 중심으로 같은 일직선상에 위치할 때, 지구와 화성 사이의 거리는 가장 가까워져요. 이때 지구에서 관측하는 화성은 가장 크고 밝답니다.

5장
우주 탐사 그리고 우주의 미래!

우주로 무언가를 보내는 것은 흥미진진한 일이에요! 하지만 정말 어려운 일이기도 해요. 우리는 지구를 떠나 우주로 가기 위해 로켓을 사용해요. 또한 지구 주변에 있는 행성을 탐사하고 우주 너머를 탐험하기 위해 무인 우주선을 사용하죠. 인류는 과거부터 현재까지 여러 가지 이유로 우주를 탐사했어요. 이제 인류의 우주 탐사 업적과 우주의 미래에 관해 알아봐요!

로켓

인공위성과 탐사선 등을 우주로 보내기 위해 로켓을 사용해요. 로켓에는 많은 종류가 있어요. 우주로 가는 로켓은 보통 길쭉하지만 커다랗고 둥글둥글하기도 해요. 로켓은 어떻게 작동할까요? 만약 여러분이 풍선을 팽팽하게 불고 그대로 놓아 버리면 어떻게 될까요? 공기가 빠르게 밖으로 나오면서 풍선을 앞으로 밀어내겠죠. 이것이 바로 로켓의 작동 방식이에요! 로켓 엔진은 연료를 태우고 엄청난 가스를 내뿜어요. 이러한 힘을 이용해 로켓을 앞으로 밀어내요. 그렇다면 왜 비행기로는 우주에 갈 수 없을까요? 그 이유는 우주에는 공기가 없기 때문이에요. 비행기의 날개는 비행기를 위로 지탱하기 위해 공기를 이용해요. 비행기의 엔진도 연료를 연소시키려면 공기가 필요하죠.

새턴 V 로켓의 아폴로 11호 발사 모습.

고체 연료를 사용하는 로켓은 구조가 단순하고 비용도 적게 들지만, 한번 점화하면 제어할 수 없다는 단점이 있어요. 액체 연료를 사용하는 로켓은 구조가 복잡하고 정교하지만, 제어가 쉽고 재사용이 가능하다는 장점이 있답니다.

로켓은 약 8~9분 안에 우주선을 우주로 보낼 수 있어요.

우주 왕복선은 로켓보다 천천히 지구 궤도에 올라갈 수 있어요. 인류는 우주 왕복선을 이용해 허블 우주 망원경 같은 크고 약한 구조물을 지구 궤도에 올려놓았어요. 우주 왕복선의 중요한 임무는 인공위성을 회수하고 수리하는 것이에요. 고장 난 인공위성을 발견하고, 수리해 다시 사용할 수 있도록 하죠. 또한 우주 왕복선은 우주인과 보급품을 실어 국제 우주 정거장에 전달해요.

아폴로 12호를 발사한 새턴 V 로켓은 발사 후 1분 만에 두 차례 번개에 맞았어요. 그러나 다행히 우주선은 피해를 입지 않았고 성공적으로 달에 도달했어요.

새턴 V는 우주 발사체 중 가장 거대하고 강력한 로켓이었어요. 우주 비행사들을 달에 보내는 데 사용되었죠.

2011년, 마지막 우주 왕복선 발사.

우주 비행사가 가장 좋아하는 식사 시간은 언제일까요?
점심.
- Launch: 발사하다
- lunch: 점심

우주 탐사 그리고 우주의 미래!

인공위성

인공위성은 지구 궤도를 도는 우주선이에요. 현재 지구에는 수천 개의 인공위성이 떠 있어요. 인공위성은 쓰임에 따라 종류가 달라요. 전화를 걸고 받을 수 있게 해 주는 통신 위성, 군대나 무기가 이동하는 것을 감시하는 군사 위성 등이 있어요. 여러분 집이나 근처에 있는 다른 집의 지붕을 보세요. 위성 안테나가 있을 거예요. 위성 안테나는 지구 상공 수천 킬로미터의 TV 인공위성으로부터 TV 신호를 받아요.

우주 왕복선에서 발사된 직후 인공위성의 모습이에요. 우주 왕복선의 꼬리 부분이 인공위성 뒤로 보여요.

최초의 인공위성은 1957년에 발사된 스푸트니크 1호예요.

현재 지구 궤도에는 가장 오래된 인공위성이 있어요. 미국의 뱅가드 1호예요. 뱅가드 1호는 1958년에 발사되었어요.

우리나라는 세계 최초로 정지 궤도에 환경 위성인 '천리안 2B호'를 쏘아 올렸어요. 천리안 2B호는 국내 최초 정지 궤도 위성이자 환경 오염 전문 관측 위성이에요. 대기 오염 물질의 흐름과 해양 오염 상태를 관측해요.

기상 위성은 기상 관측만을 목적으로 설계된 인공위성이에요. 기상 위성은 우주에서 지구의 사진을 찍어요. 이 사진으로 과학자들은 날씨를 예측할 수 있죠. 항법 위성은 우리가 흔히 GPS로 알고 있는 위성 항법 시스템을 구성하는 위성을 말해요. 우리는 항법 위성을 통해 현재 있는 위치를 알 수 있죠. 차량 내비게이션과 휴대폰의 전자 지도도 항법 위성을 이용해요.

인공위성은 궤도를 벗어나거나 추락하지 않기 위해 초속 7.9~11.2킬로미터 사이의 빠른 속도로 비행해요. 시속 약 2만 8천킬로미터의 속도로 이동하죠.

지구에서 발사된 로켓이 국제 우주 정거장에 도착하려면, 약 402킬로미터 상공을 올라가야 해요. 로켓은 시속 약 2만 8천 킬로미터의 속도로 가야 하죠. 이 속도는 1시간 30분 만에 지구를 다 돌 수 있을 정도예요. 여러분이 영화 한 편 보는 데 걸리는 시간과 비슷해요!

알고 있나요?

위성은 다른 물체를 공전하거나 주변을 도는 모든 것이에요. 그래서 달은 지구의 자연 위성이라고 불러요. 다른 물체를 도는 우주선은 인공위성이에요.

우주 탐사 그리고 우주의 미래!

근접 비행(플라이 바이)

우주선으로 다른 행성을 방문하는 가장 쉬운 방법은 근접 비행하는 것이에요. 근접 비행은 플라이 바이(fly-by)라고도 하며, 인류가 태양계 행성을 탐사하기 위해 최초로 시도했던 방법이에요. 이것은 탐사하고자 하는 행성에 직접 착륙하는 것이 아니라 적정 거리를 유지하며 선회하는 것을 말해요. 궤도에 오르기 위해 우주선의 속도를 늦추는 것보다 근접 비행하는 것이 훨씬 쉬워요. 그래서 탐사선이 근접 비행으로 위성과 행성을 탐사한 후 궤도선으로 돌아가요. 그리고 대기 탐사선, 착륙선, 로버 등을 활용해 우주에서의 임무를 수행하죠.

명왕성을 근접 비행한 뉴호라이즌스호. 사진에 보이는 접시 모양 안테나는 지구와 통신하는 데 사용돼요.

보이저 2호는 4개의 행성을 근접 비행했어요. 유일하게 천왕성과 해왕성을 방문했던 우주선이죠.

보이저 1호는 지구로부터 가장 멀리 떨어져 있는 탐사선이에요. 1977년, 발사된 이후 지금까지도 비행 중이에요!

1962년, 나사의 마리너 2호는 최초로 금성을 근접 비행했어요.

궤도선

궤도선은 천체의 궤도를 따라 운행하는 우주선이에요. 천체를 공전하면서 탐사 활동을 수행하죠. 우주선을 다른 행성이나 위성의 궤도에 진입시키기 위해서는 속도가 정말 중요해요. 속도 계산이 조금이라도 어긋나면, 우주선은 그대로 날아가 우주 미아가 될 수도 있거든요.

궤도선은 궤도를 계속 돌면서 행성과 위성 또는 다른 천체들의 주변에 머물며 많은 것을 연구해요. 궤도선은 고해상도 영상과 관측 자료들을 지구로 전송해요.

나사의 2001 마스 오디세이 궤도선을 상상하여 그린 그림. 얼음으로 뒤덮인 화성의 남극 상공에서 궤도를 선회하는 모습이에요.

2022년, 우리나라 최초의 달 궤도선 다누리가 달 궤도에 성공적으로 진입했어요. 앞으로 많은 달 탐사 임무를 수행할 거예요!

어떤 우주선은 우주 공간에서 오랫동안 임무를 수행하기도 해요. 2001 마스 오디세이 궤도선은 2001년부터 현재까지 화성 탐사를 수행하고 있어요.

뱅가드 1호 위성은 1958년에 발사되었어요. 1964년에 작동을 멈추긴 했지만 여전히 지구 궤도를 돌고 있는 가장 오래된 우주 잔해물이에요. 뱅가드 1호는 지구를 20만 번 이상 돌았답니다.

인류가 발사한 우주선은 천왕성과 해왕성을 제외한 모든 행성의 궤도를 돌았어요.

우주 탐사 그리고 우주의 미래!

탐사선

행성이나 천체에 궤도선을 보낸 후 다음은 탐사선을 보내는 거예요. 탐사선은 천체의 궤도를 돌거나 또는 착륙하여 천체를 관측하고 지구에 정보를 전달해요. 행성 표면의 사진을 찍어 지구에 전송하고, 행성의 토양을 분석해서 생명체의 존재 가능성을 확인하죠. 탐사선이 행성에 가까이 접근할 때, 대기 중에 있는 가스와 빠른 속도로 충돌하면서 마찰이 생겨요. 이 마찰로 인해 탐사선 내부는 뜨겁게 데워져요. 열의 피해를 막고, 관측 장비를 보호하기 위해 탐사선 앞에 방열판이나 차폐막을 설치해요. 그리고 탐사선의 부품들도 열에 강한 재질로 만들어요. 탐사선이 착륙 지점에 접근하면, 수백 미터 떨어진 곳에 방열판을 떨어뜨리고 낙하산을 펼쳐 하강해요.

1995년, 갈릴레오 탐사선이 목성 궤도에 도착했어요. 하지만 갈릴레오 탐사선은 목성 대기의 높은 기압과 온도에 의해 한 시간 만에 녹아 부서졌어요.

갈릴레오 탐사선을 상상하여 그린 그림. 방열판을 떨어뜨린 후, 목성 대기에 있는 모습이에요.

러시아는 금성과 핼리 혜성을 조사할 목적으로 베가 1호와 베가 2호 탐사선을 각각 발사했어요. 이 탐사선들은 금성 표면에 안전하게 하강하기 위해 낙하산을 사용했어요.

1997년 발사된 카시니호는 약 20년 동안 태양계를 탐사했어요. 카시니호에 탑재된 위성 전용 조사선인 하위헌스는 토성의 최대 위성인 타이탄에 착륙했죠. 타이탄의 모습을 촬영하고 타이탄 표면에서 바다와 호수를 발견했어요.

착륙선

인류는 단단한 표면을 가진 행성과 달에 우주선을 착륙시켰어요. 행성 표면에 안착해서 임무를 수행하는 우주선을 착륙선이라고 해요. 무인 착륙선의 경우, 사람이 탑승하지 않고 지구에 있는 사람이나 컴퓨터가 원격으로 조종해요. 무인 착륙선은 달, 금성, 화성 등에 성공적으로 착륙했어요. 1969년, 세 명의 우주 비행사를 태운 우주선이 달 착륙에 성공했어요. 닐 암스트롱은 인류 역사상 최초로 달 위를 걸었답니다.

러시아의 루나 9호는 인류 역사상 처음으로 다른 천체에 연착륙(충격 없이 착륙함)한 탐사선이에요. 또한 세계 최초로 달에 착륙해 달 표면을 찍은 사진을 지구로 전송했죠.

2008년, 나사의 탐사 로봇 피닉스 화성 탐사선이 성공적으로 화성에 착륙했어요. 피닉스는 얼어붙은 토양에서 수증기를 발견했어요.

몇몇 화성 탐사선은 자동차에 있는 에어백을 이용하여 착륙했어요. 에어백은 착륙할 때의 충격을 줄여 주었죠.

아폴로 12호의 우주 비행사, 피트 콘래드가 서베이어 3호의 장치를 회수하고 있어요.

우주 탐사 그리고 우주의 미래!

우주선은 총알보다 10배 빠른 속도로 이동해요. 하지만 착륙하기 위해서는 속도를 줄여야 하죠. 대기가 없는 곳에서는 속도를 줄이기 위해 로켓을 사용해요. 반면에, 대기가 있는 곳에서는 탐사선처럼 방열판을 떨어뜨린 후 낙하산을 사용해요. 때때로 착륙하기 직전에 로켓을 사용하기도 해요.

바이킹 2호 착륙선에서 본 화성 표면의 모습.

지금까지 금성에 보낸 궤도선은 단 2대뿐이에요. 금성 탐사가 어려운 이유는 고온 고압의 혹독한 환경에 탐사선이 오래 버티지 못하기 때문이에요.

우주 탐사선은 혜성, 소행성, 토성의 위성 타이탄에도 성공적으로 착륙했어요.

우주 비행사가 낯선 행성에서 왕을 만났어요. 뭐라고 작별 인사했을까요?
바이~ 킹!

로버

로버는 '방랑하다'라는 뜻의 영어 'Rove'에서 따온 이름으로 바퀴로 행성 표면을 이동하며 탐사하는 착륙선을 말해요. 로버는 탐사선보다 행성 가까이에서 더 자세히 탐사할 수 있다는 장점이 있어요. 달과 화성을 탐사하는 로버들은 현재도 임무를 수행하고 있답니다. 러시아와 중국은 달에 무인 이동 로버를 보냈고, 미국은 현재 최초의 달 탐사 로버인 '바이퍼'를 준비하고 있어요. 바이퍼는 2023년 하반기에 민간 기업의 우주선에 실려 달로 향할 예정이에요. 또한 미국은 화성 탐사 로버 '큐리오시티'와 '퍼서비어런스'를 보유하고 있어요. 이러한 로버들은 우주선처럼 수년간 임무를 수행할 수 있도록 설계돼요. 나사는 소프트웨어 업데이트를 통해 로버의 바퀴 속도를 조절하는 등 로버 수명을 연장하기 위해 노력해요.

달에 착륙한 아폴로 17호의 루나 로버. 우주 비행사 유진 서넌이 운전하고 있어요.

나사의 화성 탐사 로버 오퍼튜니티는 지구 밖 천체에서 장거리를 이동한 기록을 세웠어요. 오퍼튜니티는 15년간 화성을 탐사하면서 약 45킬로미터를 이동했죠. 그리고 21만 7천 장의 이미지를 지구로 전송했답니다.

아폴로 17호의 우주 비행사들은 지도와 덕트 테이프를 사용하여 로버의 부서진 바퀴 덮개를 고쳤어요.

화성의 지형은 로버가 접근하기 힘든 곳이 많아요. 로버의 바퀴가 망가질 확률이 높아요. 그래서 화성 탐사 로버의 바퀴는 알루미늄으로 제작됐어요. 단단한 알루미늄이라 암석과 부딪치더라도 이동할 수 있답니다.

우주에 간 사람들

여러분은 지금까지 우주를 구성하는 물질, 태양계의 행성들, 인류가 만든 인공 우주 물체에 관해 배웠어요. 이제 우주 과학과 탐사에 큰 발자취를 남긴 인물과 역사적으로 유명한 우주 탐사 업적을 알아봐요.

현재 훈련 받은 일부 사람들만이 우주여행을 하고 있어요. 이러한 사람들을 우주 비행사라고 해요! 우주 비행사를 뜻하는 'Astronaut'는 미국의 우주 비행사를 의미하고, 'Cosmonaut'는 러시아의 우주 비행사를 의미해요. 우주 비행사는 우주선을 타고 우주로 이동한 다음, 국제 우주 정거장에 거주해요. 국제 우주 정거장은 역사상 가장 큰 우주 정거장이며 현재도 계속 지구의 궤도를 돌고 있어요. 이곳에는 우주 비행사를 위한 생활 공간이 마련되어 있어요. 침실, 주방, 목욕 시설, 운동 시설 등이 있죠.

우주 비행사가 입는 옷은 매우 특별해요. 우주 비행사는 발사 및 착륙을 위해 설계된 우주복을 입어요. 우주복에는 산소를 공급하는 장치가 있고, 마이크와 스피커가 있어서 지상의 사람들과 무선으로 연락할 수 있어요. 우주 비행사가 우주선 밖으로 나가는 것을 **우주 유영** 또는 **선외 활동**(extravehicular

머큐리 우주선의 우주 비행사 존 글렌. 그는 지구 궤도를 선회한 최초의 미국인이에요.

나사는 초기에 1인용 유인 우주선인 머큐리 우주선으로 우주 탐사를 시작했어요. 그 후 2인용 제미니 우주선과 3인용 아폴로 우주선을 개발했어요.

activity. EVA)이라고 해요. 이때 우주 비행사는 EVA 우주복을 입어요. EVA 우주복은 오랜 시간 동안 공기를 공급해 주고 온도를 제어해 줘요.

1961년, 세계 최초의 우주 비행사 유리 가가린이 보스토크 1호를 타고 우주 비행에 성공했어요. 이후로 계속 한 사람을 태운 우주선을 우주로 보냈어요. 현재는 우주선에 3~7명 정도를 태워요.

초기 우주선에는 화장실이 없었어요. 인류 역사상 최초로 달에 간 우주 비행사 닐 암스트롱은 우주복 안에 특수 기저귀를 착용했어요.

1961년, 러시아의 우주 비행사 유리 가가린은 인류 역사상 처음으로 우주 비행에 성공했어요.

1965년, 최초로 우주 유영에 성공한 미국의 우주 비행사 에드 화이트. 그는 23분 동안 우주선 밖에서 우주 유영을 했어요.

우주 왕복선은 7명의 우주 비행사들을 우주로 실어 나를 수 있어요.

우주 비행사가 가장 좋아하는 음식은 무엇일까요?
애스트로너츠(astronuts) 😊
(발음이 마치 도너츠 같지 않나요?)
• astronaut: 우주 비행사

우주 탐사 그리고 우주의 미래!

달에 간 사람들

초창기 우주 비행사들은 지구 근처에 머물며 대부분 지구 궤도에 있었어요. 1960년대 이후 나사는 사람을 달로 보내기 위한 아폴로 프로그램을 진행했어요. 마침내 1969년, 아폴로 11호가 3일 만에 달 궤도에 진입해 달에 성공적으로 착륙했죠. 아폴로 11호에는 닐 암스트롱, 버즈 올드린, 마이클 콜린스 세 명의 우주 비행사가 타고 있었어요. 닐 암스트롱은 달에 착륙 후 "한 사람에게는 작은 발자국이지만, 인류에게는 위대한 도약이다."라는 명언을 남겼죠. 닐 암스트롱과 버즈 올드린은 달에서 여러 임무를 수행했어요. 레이저 반사경을 설치했고, 약 22킬로그램의 흙과 돌을 수집했죠. 달에 사람을 안전하게 보내는 것은 정말 어려운 일이에요. 달은 국제 우주 정거장보다 약 1,000배나 멀리 떨어져 있고, 지구로부터 약 38만 킬로미터 떨어져 있으니까요. 달은 지구 외에 사람이 유일하게 발을 디딘 곳이지만 여전히 많은 수수께끼가 남아 있는 곳이에요. 달 내부가 어떻게 이루어져 있는지, 지구에서 보이는 달은 울퉁불퉁한데 왜 달의 뒷면은 평평한 것인지 등 인류가 풀어야 할 숙제가 많아요!

달 표면에 있는 아폴로 11호의 달 착륙선. 우주 비행사 버즈 올드린이 착륙선 앞에 있어요.

나사는 아폴로 11호부터 17호까지 여섯 차례나 달에 우주 비행사를 보냈어요. 그리고 지금까지 총 382킬로그램가량의 돌과 흙 시료를 확보했어요.

과학자들은 우주 비행사가 달에서 채취한 흙과 암석을 분석해 달에 있는 자원과 물의 존재를 확인했어요. 그리고 암석의 원소를 분석하여 달의 생성 연대를 알아냈죠. 달은 45억 년 전, 지구가 화성 크기의 천체와 충돌하면서 나온 잔해에서 형성되었다고 추측해요.

얼마나 많은 사람이 달 위를 걸었을까요? 지금까지 달에 발을 디딘 사람은 12명에 불과해요.

아폴로 10호의 사령선 찰리 브라운과 달 착륙선 스누피의 이름은 만화 〈피너츠〉에서 따온 거예요. 아폴로 10호의 선장이었던 토머스 스태퍼드가 제안했어요.

달에 도착한 아폴로 17호의 우주 비행사 해리슨 슈미트. 달에는 대기가 없기 때문에 낮에도 하늘이 어두워요.

우주 비행사가 달에 도착했어요. 동료가 기다리라고 했지만 바로 뛰쳐나갔죠. 왜 그랬을까요?
대기가 없어서.

우주 탐사 그리고 우주의 미래!

우주 정거장

우주 정거장은 우주 비행사의 집이에요. 우주 비행사는 우주선을 타고 우주로 이동한 다음, 우주 정거장에 연결돼요. 그들은 우주 정거장에서 생활하면서 다양한 임무를 수행해요. 그리고 다시 우주선을 타고 지구로 귀환하죠.

러시아의 미르 우주 정거장. 미르 우주 정거장은 2001년에 폐기됐어요.

우주 정거장에는 도킹 포트가 두 군데 이상 있어요. 도킹 포트는 우주선이 우주 정거장에 연결되어 안으로 들어갈 수 있도록 해 줘요.

현존하는 우주 정거장은 국제 우주 정거장과 톈궁 우주 정거장뿐이에요. 다른 우주 정거장들은 지구 대기권에 진입하다가 타 버렸어요.

1971년, 러시아는 최초의 우주 정거장인 살류트를 발사했어요. 이어서 미국이 스카이랩을 발사했죠. 이후 러시아는 살류트보다 더 큰 미르 우주 정거장을 건설했어요. 1998년에는 미국, 러시아, 캐나다, 유럽, 일본 등 16개국이 힘을 모아 국제 우주 정거장을 건설했죠. 국제 우주 정거장의 건설은 인류 우주 개발 역사에서 가장 위대한 사건이에요. 국제 우주 정거장은 역사상 가장 큰 우주 정거장이며, 현재도 계속 지구의 궤도를 돌고 있어요. 우주 정거장 안에는 우주 비행사를 위한 생활 공간이 마련되어 있어요. 우주 밖을 바라볼 수 있는 창문도 있고, 과학 실험을 할 수 있는 작업 공간도 있어요.

스카이랩을 발사한 지 90분 만에 고장을 확인했어요. 나사는 스카이랩을 고치기 위해 우주 비행사 3명과 수리 기구를 실은 아폴로 우주선을 발사했죠. 다행히 빠른 대응으로 내부 피해를 막을 수 있었어요.

가장 오랫동안 우주 정거장에 체류한 우주 비행사 4명은 미르 우주 정거장에서 1년 이상 생활했어요.

우주 비행사는 식수를 어떻게 해결할까요? 우주 정거장의 식수는 우주 비행사의 소변, 땀, 입김 등을 재활용하여 사용한다고 해요. 우주 정거장에서 사용하는 대부분의 물은 정수 과정을 거치는데, 나사의 정수 장치 기준이 매우 엄격하기 때문에 아주 깨끗한 물이라고 해요! 😊

국제 우주 정거장(ISS)

국제 우주 정거장은 지금까지 건설된 우주 정거장 중에서 가장 큰 규모를 자랑해요. 국제 우주 정거장은 다양한 생활 공간과 실험실이 있고, 10명의 우주 비행사를 수용할 수 있어요. 세계 각국에서 온 우주 비행사들은 같은 공간을 공유하며 생활하죠. 우주 비행사는 국제 우주 정거장에서 몇 달 동안 머물면서 많은 과학 실험을 수행해요. 2000년 이후 국제 우주 정거장에는 19개국에서 온 240명의 방문객이 다녀갔어요. 우리나라 최초의 우주 비행사인 이소연 씨도 국제 우주 정거장에 머물면서 과학 실험을 수행했어요.

2010년, 우주 왕복선에서 찍은 국제 우주 정거장의 모습.

국제 우주 정거장에는 화장실이 2개예요.

국제 우주 정거장은 축구장만 한 크기예요.

우주 비행사가 키보드에서 가장 좋아하는 자판은 무엇일까요?
스페이스 바.
- space bar: 키보드에서 공백을 찍는 키

일부 우주선은 우주 비행사를 국제 우주 정거장으로 실어 날라요. 음식, 과학 실험 도구 등의 화물을 나르는 우주선도 있어요. 국제 우주 정거장에는 태양 빛을 전기 에너지로 바꾸는 매우 큰 태양 전지판이 있어요. 전기 에너지는 조명과 컴퓨터 같은 전자 제품에 전원을 공급해요. 지구에서 사용하는 태양 전지판도 같은 기능을 하죠.

여러분은 밤하늘에서 국제 우주 정거장을 발견할 수도 있어요! 우주 정거장은 밤하늘을 가로질러 움직이는 매우 밝은 별처럼 보여요. 햇빛이 우주 정거장의 태양 전지판과 정거장의 나머지 부분에서 반사되기 때문이죠. 언제, 어느 방향에서 찾아야 하는지 자세히 알고 싶다면 111쪽의 '더 알아보기'를 참고하세요.

국제 우주 정거장은 고도 400킬로미터 상공에서 93분에 한 번씩 지구를 돌고 있어요. 만약 여러분이 차로 운전해서 국제 우주 정거장에 간다면, 도착하는 데 약 4시간이 걸릴 거예요.

축구장과 비교한 국제 우주 정거장의 크기.

우주 탐사 그리고 우주의 미래! 107

우주 비행사

우주 비행사는 우주 비행을 위해 특별히 훈련된 비행사예요. 우주 비행사는 우주 과학 분야의 발전을 이끌어 내고, 무인 로봇의 한계를 채워 주죠. 지금까지 많은 우주 비행사가 신비하고 위험한 우주에서 각자의 임무를 수행했어요. 우주 비행사는 임무를 수행하기 위해 많이 공부하고 훈련해야 해요. 예비 우주 비행사는 2년 동안 교실에서 교육을 받아요. 이때 우주에서의 생활, 로켓, 우주, 우주 정거장, 지구에 대해 배워요. 또한 우주에서의 생활에 적응하기 위해 고된 훈련을 받아요. 제트 비행기를 이용한 무중력 훈련, 회전 탁자에 서서 흔들림을 견디는 훈련, 가상 현실(VR)을 활용한 훈련 등이 있죠. 우주에 있는 동안 우주 비행사는 무슨 일을 할까요? 우주 비행사가 수행하는 임무는 각자 다르지만, 어떤 우주 비행사는 우주 환경이 인체에

2010년, 국제 우주 정거장에 머물렀던 우주 비행사들. 우주 비행사들이 모두 공중에 떠 있어요!

얼마나 많은 사람이 우주에 가 봤을까요? 놀랍게도 600명이 넘지 않아요!

우주 비행사 겐나디 파달카는 우주에서 약 2년 5개월 동안 다섯 번의 우주 임무를 수행했어요.

어떤 영향을 미치는지 연구해요. 그리고 상추, 개미, 물고기, 미생물 등 동식물을 이용해 생물학 또는 생명공학에 관한 실험을 진행해요. 또한 우주 정거장을 청소하거나 수리하고, 우주에 인공위성을 배치하기도 하죠. 우주 비행사는 정말 힘들고 대단한 일들을 한답니다!

우주 비행사 중에는 다양한 분야의 경력을 가진 사람들이 많아요. 그들은 우주 비행사가 되기 이전에 조종사였거나 의사 또는 과학자였죠. 우주 비행사가 되기 위해 가장 중요한 것은 무엇일까요? 바로 강인한 정신력과 체력이에요! 우주로 가는 일은 정말 위험하니까요.

우주 비행사 발레리 폴랴코프는 한 번 비행으로 가장 오랫동안 우주에서 생활했어요. 그는 미르 우주 정거장에서 약 438일을 지냈어요.

우주 비행사는 우주 유영 훈련을 하기 위해 우주복을 입고 물 속에 들어가요. 이때 우주 비행사는 우주에 떠 있는 것처럼 느낀다고 해요.

우주 비행사 마샤 아이빈스. 사람의 머리카락은 우주에서 뜰 수 있어요.

미래의 우주

이제 여러분은 우주에 관해 모든 것을 배웠어요. 우주는 정말 알면 알수록 재미있고 신비하지 않나요? 여러분이 우주에 관해 더 재미있게 배울 수 있는 방법이 있어요. 인터넷에서 우주 관련 사이트를 찾거나 지역 도서관에서 책을 찾아보세요. 또한 나사 홈페이지를 방문하면, 우주 정거장에 있는 우주 비행사가 지금 무엇을 하고 있는지 확인할 수 있답니다! 우주를 직접 체험해 보고 싶다면 지역 천문관이나 우주 박물관을 방문하세요. 우주 캠프에 참여할 수도 있을 거예요.

여러분은 가족과 친구들에게 우주에 관한 정보를 알려 줄 수도 있어요. 이 책에서 읽은 내용을 공유해 보세요!

그리고 밤하늘을 자주 올려다보면서 국제 우주 정거장과 다른 행성들을 찾아보세요. 다음 유성우가 언제 올지 알아내면, 여러분은 아마 유성을 볼 수 있을 거예요.

여러분이 미래의 우주 비행사를 꿈꾸고 있다면, 우주와 관련한 다양한 종류의 직업군이 있다는 것을 기억하세요. 우주 비행사, 과학자, 로켓 기술자 외에도 작가, 예술가, 관리자 등등 다른 많은 일을 하는 사람들이 있어요. 미래에 어떤 직업을 선택하든 계속해서 우주의 경이로움에 대해 배우고 즐기기를 바랍니다. 지금 여러분이 할 일은 그저 재미있게 배우는 거예요! 즐기세요!

더 알아보기

우주 교육 관련 웹 사이트

Astro.kasi.re.kr
한국천문연구원에서 운영하는 사이트예요. 고대부터 현대까지의 천문 관측 자료와 우주 관련 학습 자료를 제공해요.

Starwalk.space/ko/news
별과 행성에 대한 수많은 정보와 3D로 구현한 이미지, 내부 모습, 별자리 등 다양한 자료가 있어요. 최신 천문학 뉴스와 퀴즈를 통해 우주에 관해 재미있게 공부할 수 있어요. 스마트폰 어플리케이션으로 더 편리하게 이용할 수 있어요!

NASA KIDS' CLUB
미래의 우주 비행사를 꿈꾸고 있나요? 그렇다면 이 사이트를 방문해 보세요. 재미있는 우주 관련 게임과 자료가 많아요.

Spaceplace.nasa.gov
이 사이트에는 우주와 관련된 다양한 활동과 실험이 가득해요.

RandomSpaceFact.com
이 책을 쓴 브루스 베츠 박사님의 홈페이지예요. 박사님에 대한 정보와 우주 관련 수업, 동영상 등 다양한 자료들을 살펴보세요.

행성, 유성, 월식 등 관측 위치를 제공하는 웹 사이트

SkyAndTelescope.com
미국천문학회가 발행하는 천문 전문지 스카이 앤 텔레스코프의 홈페이지예요. 밤하늘에서 행성을 어떻게 찾아야 하는지 알고 싶다면 방문해 보세요. 또한 행성 정렬 예상도, 월식과 일식 생중계 영상, 유성우 관측 정보도 알 수 있어요.

Astronomy.com
천문학 관련 잡지 아스트로노미의 홈페이지예요. 상단의 'Observing'을 누른 후 'Sky This Week'를 확인하여 찾고 싶은 행성의 위치를 알아보세요.

Planetary.org/planetary-radio

The Planetary Society의 주간 팟캐스트 통해 태양계 외곽 지역과 해왕성 너머의 정보를 알 수 있어요. 매주 수요일마다 새로운 에피소드가 나오며, 매월 첫째 주 금요일은 행성 정보와 우주 관련 정책을 논의해요.

미래 일식 관측 정보를 알려 주는 웹 사이트

Solarsystem.nasa.gov/eclipses/home

Planetary.org/eclipse

유성우 관측 정보를 알려 주는 웹 사이트

AMSMeteors.org
미국유성협회 유성우 달력

Seasky.org/astronomy/astronomy-calendar-current.html

2023년의 천체 현상을 한눈에 보는 달력

국제 우주 정거장 관측 정보를 알려 주는 웹 사이트

Spotthestation.nasa.gov

Heavens-above.com

용어 풀이

궤도
우주선, 달 또는 다른 물체가 중력이나 자기장의 영향을 받아 다른 물질이나 물체 주위를 돌면서 따라가는 경로.

궤도선
천체를 공전하면서 탐사 활동을 수행하는 우주선.

근접 비행
탐사하고자 하는 행성에 직접 착륙하는 것이 아니라 적정 거리를 유지하며 선회하는 일.

달
지구를 도는 천체이며 지구의 유일한 자연 위성.

대기
우주에 있는 행성, 달 또는 다른 물체를 둘러싸고 있는 공기.

로버
행성의 표면을 이동해 다니면서 탐사하는 로봇.

백색 왜성
항성 진화의 마지막 단계에서 형성되는 어두운 별.

별
핵융합 반응으로 스스로 열과 빛을 내는 천체.

별자리
별의 고유한 모양과 패턴을 보고 사람들이 붙여 준 이름.

* 국제천문연맹에서 정식으로 인정한 별자리는 88개예요.

분광학
물질이 무엇으로 구성되어 있는지 알기 위해 빛을 세밀하게 나누어 분석하는 것.

성군
별자리의 일부지만 별자리와 구분해서 부르는 별 집단의 이름.

성단
수많은 별이 무리 지어 모여 있는 천체.

성운
우주에 있는 먼지와 가스로 이루어진 거대한 집합체.

* 성운은 수많은 아기별이 탄생하는 곳이기도 하며 별이 생애를 마친 후 돌아가는 곳이기도 해요.

소행성
행성처럼 태양 주위를 돌지만 비교적 크기가 작은 천체.

왜소 행성
행성 같아 보이지만 행성보다는 작은 태양계의 천체.

우주
지구를 비롯한 행성, 멀리서 반짝이는 별, 은하계와 그 사이에 있는 모든 형태의 물질과 에너지를 포함하는 공간.

우주선
우주 공간을 비행하도록 설계된 비행 물체.

운석
대기권을 통과할 때 완전히 타지 못하고 지표면에 떨어진 암석 조각.

월식
지구가 달과 태양 사이에 위치하여 달이 지구의 그림자에 가려지는 현상.

유성
혜성과 소행성에서 떨어져 나오는 티끌, 태양계를 떠도는 먼지, 작은 우주 암석 등이 매우 빠른 속도로 지구의 대기와 충돌해 불타는 현상.

* 우리가 잘 아는 별똥별이에요.

은하
먼지와 가스뿐만 아니라 많은 별로 이루어진 거대한 집합체.

* 우리는 우리 은하라고 불리는 나선 은하에 살고 있어요.

일식
태양-달-지구의 순서로 완벽한 일직선 상태일 때, 달이 태양을 가리는 현상.

적색 거성
중소형 크기의 별이 수명을 다할 무렵 진화하는 단계.

* 적색 거성은 중심부의 핵융합 반응으로 수소를 소진하고 더 무거운 원소들을 연소하기 시작한 상태예요.

중성자별
중심부가 중성자로 이루어진 별.

질량
어떤 물체에 포함되어 있는 물질의 양.

착륙선
행성 표면에 안착해서 임무를 수행하는 우주선.

초신성
질량이 큰 별이 생애 마지막 단계에서 폭발하면서 발생하는 현상.

태양계
태양과 태양 주위를 도는 8개의 행성 그리고 다른 물체들로 이루어진 천체.

플라스마
기체가 고온이 되면서 플러스와 마이너스 전기를 갖는 입자로 분리된 상태.

핵융합
가벼운 원소가 높은 온도와 압력을 받은 상태에서 서로 합쳐져 더 무거운 원소가 되는 과정.

행성
태양 주위를 공전하며 스스로 빛을 내지 않는 천체.

혜성
태양을 초점으로 삼아 타원형 또는 포물선 궤도로 도는 작은 천체.

찾아보기

A~Z
2001 마스 오디세이 궤도선 95
M87 은하 46

ㄱ
가니메데 67
갈릴레오 탐사선 96
갈릴레이 위성 67
게 성운 24
겐나디 파달카 108
고양이 눈 성운 23
구상 성단 36
국제 우주 정거장 91, 93, 100, 104~108, 110
궤도 12, 40, 60, 64, 74, 76, 78, 83, 85, 86, 91~96, 100, 102, 105
궤도선 94~96, 98
근접 비행 70, 72, 76, 94
금성 12, 50, 51, 56~58

ㄴ
남극광 87
남십자성 35
뉴호라이즌스호 74, 76
닐 암스트롱 97, 101, 102

ㄷ
다누리 61. 95
달 12, 13, 50, 52, 59~61, 65, 67, 69, 75, 82~86, 88, 91, 93, 95, 97, 99, 101~103
달의 위상 86
대기 11, 12, 14, 15, 52, 54~60, 62, 66, 69, 70, 72, 80, 82, 87, 92, 94, 96, 98, 103
대적반 66, 67
데이비드 스콧 60

ㄹ
로버 62, 63, 94, 98, 99
로켓 7, 89~91, 93
루나 9호 97

ㅁ
마리너 협곡 28, 62
마샤 아이빈스 109
말머리 성운 24
망원경 7, 14, 15, 20, 25, 30, 43~45, 67, 73, 81
머큐리 우주선 100
메탄 66, 69, 70, 72
명왕성 74~76, 94
목성 12, 28, 47, 50, 51, 64, 66~70, 88, 96
미르 우주 정거장 104, 105, 109

ㅂ

바다뱀자리 33
바이킹 62, 98
발레리 폴랴코프 109
백색 왜성 39, 42, 45
베가 1호 96
베가 2호 96
베누 64
베스타 64, 65
별 7, 9, 11, 12, 15, 17, 18, 20~25, 29~32, 34~43, 45, 47, 52, 58, 62, 67, 71, 81, 88, 107
별자리 29, 32~35, 80
보이저 1호 94
보이저 2호 70~72, 94
북극광 87
북극성 35, 81
북두칠성 34, 35
북십자성 35
분광학 17
블랙홀 39, 45, 46
빅뱅 이론 18, 19

사건의 지평선 46
삭망 84
산개 성단 36
새턴 V 로켓 90, 91

석호 성운 24
성군 34, 35
성운 23, 24, 38, 42
세드나 76
세레스 64, 65, 74, 75
소북두칠성 34
소행성 50, 54, 60, 64, 65, 74, 75, 80, 98
소행성대 64, 65, 74
수성 12, 50, 51, 54, 55, 57, 67, 69, 88
스카이랩 105
스푸트니크 1호 92
시리우스 42, 88

ㅇ

아폴로 10호 103
아폴로 11호 90, 102
아폴로 12호 91, 97
아폴로 15호 60
아폴로 17호 99, 103
안드로메다은하 20
암흑 물질 25, 26
암흑 에너지 26
에드 화이트 101
에드윈 허블 19
에리스 74~76
엔켈라두스 28, 69
여름의 대 삼각형 35
오로라 77, 87

오르트 구름 78
오리온 대성운 23
오리온자리 32, 33, 40, 81
오퍼튜니티 99
올림푸스 몬스 63
왜소 행성 50, 74~76
외계 행성 47, 58, 76
외계인 27, 44
우주 망원경 13, 15, 24, 74
우주 비행사 60, 61, 91, 97~110
우주 왕복선 15, 91, 92, 101, 106
우주 정거장 100, 104~107, 109, 110
우주복 100, 101, 109
우주선 7, 11, 13, 16, 54~56, 58, 61, 62, 68, 70, 72, 74, 89~95, 97~101, 104, 105, 107
운석 64, 80, 81
울티마 툴레 76
월식 77, 82~84
유로파 28, 66, 67
유리 가가린 101
유성 77, 80, 81, 110
유성우 80, 81, 110
유진 서넌 99
은하 11, 12, 15, 18~22, 25, 26, 41, 45, 46, 50
은하수 16, 22, 67
이오 67
인공위성 90~93, 109
일식 84, 85

ㅈ

적색 거성 39, 40, 42
전갈자리 40
제미니 우주선 100
제미니드 유성우 80
존 글렌 100
중력 13, 20, 25, 45, 46, 74
중성자별 43, 44
지구 7, 9~13, 15~17, 20~22, 27~29, 31, 42~44, 47, 49~53, 55~71, 73, 75, 76, 78~89, 91~97, 99, 100, 102~105, 107, 108

ㅊ

착륙선 61, 94, 97~99, 102, 103
천리안 2B호 92
천왕성 50, 51, 69~72, 94, 95
초신성 24, 41, 45

ㅋ

카시니호 96
카이퍼대 76, 78
칼리스토 67
코마 78
큐리오시티 63, 99
큰개자리 32, 33
큰곰자리 34

ㅌ

타이탄 69, 96
탐사선 61, 62, 64, 65, 74, 79, 90. 94. 96~98
태양 7, 10~13, 17, 21, 29~31, 39, 40, 42, 45~47, 49~55, 58~60, 64, 67, 70~76, 78, 79, 82~88, 107
태양계 7, 10, 11, 13, 21, 22, 28, 40, 47, 49, 50, 54, 56, 58, 60~63, 66~70, 72~76, 78, 80, 88, 94, 96, 100
톈궁 우주 정거장 104
토머스 스태퍼드 103
토성 28, 50, 51, 67~70, 88, 96, 98

ㅍ

퍼서비어런스 119
펄서 44
프레세페성단 37
플라스마 31, 52
플레이아데스성단 36, 38
피닉스 화성 탐사선 97
피트 콘래드 97

ㅎ

하우메아 74~76
항성 12, 14, 30, 52
해리슨 슈미트 103
해왕성 50, 51, 69, 72~74, 76, 78, 94, 95
핵융합 38, 39, 42, 52
핼리 혜성 79, 96

행성 7, 9, 10~14, 16, 28, 31, 47, 49, 50, 54, 56~58, 62, 64, 66~68, 70~75, 87~89, 94~97, 99, 100, 110
허블 딥 필드 15
허블 우주 망원경 15, 18, 19, 23, 26, 36, 66, 71, 91
혜성 50, 76, 77~80, 98
하위헌스 96
화성 12, 16, 28, 40, 47, 50, 51, 58, 62~64, 88, 95, 97~99, 103

감사의 말!

제니퍼 본의 아낌없는 사랑과 지원에 감사합니다. 언제나 내게 행복과 성취감을 주는 두 아들, 케빈과 대니얼 베츠에게도 고마움을 전합니다. 우주에 빠져 있었던 어린 시절부터 지금까지 아낌없는 사랑으로 지지해 주신 부모님, 바바랭 베츠와 캐슬린 레이건 베츠에게 감사함을 전합니다. 그리고 우주 교육을 지원해 주신 빌 나이와 행성협회 직원 분들에게 감사합니다. 마지막으로 출판사와 편집부 관계자 분들께도 감사를 표합니다.

옮긴이 이은경

광운대학교 영문학과를 졸업하였으며, 저작권에이전시에서 에이전트로 근무하였다. 현재 번역에이전시 엔터스코리아에서 출판 기획 및 전문 번역가로 활동하고 있다. 주요 역서로는 《자연과 친해지는 법을 찾아서》, 《원자에서 우주까지 과학 수업 시간입니다》, 《우주에서 바닷속까지 똑똑한 모험책》, 《멘사퍼즐 두뇌게임》, 《청소년을 위한 극탐험 이야기》 등 다수가 있다.

우주 관찰 백과
수만 개의 은하가 펼쳐진 우주의 비밀 이야기

1판 1쇄 펴낸 날 2023년 4월 12일
1판 2쇄 펴낸 날 2023년 11월 30일

지은이 브루스 베츠
옮긴이 이은경

펴낸이 박윤태
펴낸곳 보누스
등록 2001년 8월 17일 제313-2002-179호
주소 서울시 마포구 동교로12안길 31 보누스 4층
전화 02-333-3114
팩스 02-3143-3254
이메일 viking@bonusbook.co.kr
블로그 http://blog.naver.com/vikingbook

ISBN 978-89-6494-611-4 73440

바이킹은 보누스출판사의 어린이책 브랜드입니다.

• 책값은 뒤표지에 있습니다.